L. Randall Wray

Illustriert von
Heske van Doornen

GELD

FÜR ANFÄNGER

Aus dem Englischen
von Elborg Nopp

lola books

www.lolabooks.eu

Titel der englischen Originalausgabe:
Money for Beginners

First published in 2023 by Polity Press
This edition is published by arrangement with Polity Press Ltd., Cambridge

Druck: Cimapress, Madrid
Printed in Spain
ISBN 978-3-944203-66-9

Erste Auflage 2023

INHALT

Einleitung 1

1
Geld: Eine Einführung 5

2
Geld: Eine Entstehungsgeschichte 13

3
Geld: Die Geschichte von der Erlösung 25

4
Währung: Das Geld der Regierung 37

5
Kann der Regierung die Währung ausgehen? 49

6
Jeder kann Geld erschaffen? 63

7
Privatbankgeld 73

8
Das Geld der Zentralbank: Kreditgeber der letzten Instanz 85

9
Zentralbankgeld: Staatsfinanzen 99

10
Staatsschulden sind unser Vermögen 109

11
Geld ist wie Punkte anschreiben 125

12
Aufstieg der „Winners-take-all“-Wirtschaft 133

13
Der Weg nach vorn: Wir kümmern uns umeinander 149

EINLEITUNG

Geld regiert die Welt, aber der Gedanke an Geld kann erdrücken. Sie ahnen wohl, dass jedes Problem beim Geld beginnt und endet. Zu viel, zu wenig, zu billig, zu teuer. Das Thema Geld lässt sich schwer begreifen. Man benutzt es jeden Tag, hat aber nicht unbedingt das Gefühl, viel davon zu verstehen. Woher kommt es? Wird es Uncle Sam einmal ausgehen? Wird es ***Ihnen*** einmal ausgehen? Was zum Kuckuck ***ist*** Geld überhaupt? Es ist ein Rätsel.

Dieses Buch wird Ihnen dabei helfen, auf diese Fragen eine Antwort zu finden. Nach der Lektüre dieses Buches wird Ihnen klar werden, dass Geld *doch nicht* so kompliziert ist. Sie werden verstehen, wie Banken und die Regierung Geld erschaffen. Sie werden begreifen, wie Staatsausgaben und Besteuerung zusammenhängen. Sie werden lernen, die wahren Beschränkungen beim Kampf gegen die Probleme unserer Nation von den unwahren zu unterscheiden.

Wenn Sie dieses Buch gelesen haben, werden Sie mehr über Geld wissen als die meisten Politikerinnen und Politiker. ***Garantiert.*** Die werden Ihnen nichts mehr vormachen können. Sie werden deren Fehler mühelos erkennen. Der häufigste Irrtum besteht darin, die Finanzen eines Privathaushalts mit denen einer Regierung zu verwechseln. Wenn Sie dieses Buch gelesen haben, werden Sie verstehen, dass Uncle Sams Haushalt anders aussieht als unser privater: Ihm kann das Geld nicht ausgehen. Und das ist gut so! Er kann es sich stets leisten, uns zu helfen, wenn wir ihn brauchen.

Außerdem werden Sie verstehen, was Geld ist, woher es kommt und wie Banken operieren. Sie werden wissen, wie die Zentralbank unserer Nation – die Federal Reserve – sowohl mit den Banken als auch mit dem Finanzministerium der USA bei der Sicherung unseres Finanzsystems zusammenarbeitet. Vor allem wird Ihnen Ihr Wissen über Geld das nötige Rüstzeug liefern, um sich den Herausforderungen der kommenden Jahre zu stellen.

Einer der größten Stolpersteine auf dem Weg zur Reform ist die Frage, „Wie sollen wir das bezahlen?“ Woher soll Uncle Sam das Geld nehmen, um die nationale Infrastruktur zu sanieren? Auf erneuerbare Energien umzustellen? Renten zu zahlen? Arbeitslosigkeit und Armut zu verringern? Studierende auf unsere schnelllebige Welt vorzubereiten?

Wenn Sie dieses Buch gelesen haben, werden Sie eine Antwort auf die Frage nach der Bezahlbarkeit haben.

Dieses Buch will sich nicht mit den Maßnahmen selbst beschäftigen, sondern ein Verständnis dafür schaffen, wie wir unser Finanzsystem nutzen können, um sowohl die gegenwärtigen als auch die zukünftigen Probleme in den Griff zu bekommen.

Eine abschließende Bemerkung noch: Dieses Buch ist bewusst kurz, einfach und unkompliziert gehalten, indem es auf Fußnoten und Quellenangaben verzichtet. Wenn Sie detailliertere Informationen sowie Quellenangaben für die hier erbrachten Argumente suchen, so finden Sie diese im Begleitband: *Making Money Work for Us: How MMT Can Transform America*, von L. Randall Wray (Cambridge: Polity, 2022).

1 GELD: EINE EINFÜHRUNG

Geld ist ein komplexes Thema. Es fasziniert. Es macht Angst. Wir werden es etwas weniger kompliziert machen.

Fangen wir mit der Geschichte vom Geld an: Was kann man damit machen, was ist es und woher kommt es? Vermutlich benutzen Sie es jeden Tag, daher ist das ein guter Ansatzpunkt.

Jemand gibt Ihnen Geld. Was machen Sie damit?

Sie können es sparen! Für ein Haus. Fürs Studium. Für den Ruhestand.

STECKEN SIE ES IN IHR SPARSCHWEIN

Wahrscheinlich werden Sie es jedoch ausgeben – zumindest das meiste davon. Wir brauchen Geld, um ausreichend Essen, Kleidung und eine Wohnung zu haben. Wir arbeiten, damit wir Geld verdienen und unseren

WIE GOTT IN FRANKREICH LEBEN

lebensnotwendigen Bedarf decken können. Den Großteil des verdienten Geldes geben wir wieder aus – diejenigen ganz an der Spitze der Einkommensverteilung einmal ausgenommen.

Es kann Ihnen natürlich auch ausgehen. Wenn Sie zu viel ausgeben, gelten Sie als verschwenderisch. Sie sind das Gegenteil von sparsam: Verschwenderische Menschen werden durch Ausgaben arm.

Wenn Sie zu sparsam sind, dann sind Sie ein Scrooge – verachtet als Geizhals, der Weihnachten hasst.

Das richtige Gleichgewicht zwischen Sparsamkeit und Verschwendung zu finden ist nicht leicht!

Im Extremfall gilt das Horten von Geld als Neurose.

Der Geizhals, der sich nicht von seinen Goldmünzen trennen kann, ist wie ein Baby,

MAN KANN ES PSYCHOANALYTISCH BETRACHTEN!

das seinen Kot nicht hergeben will: Sigmund Freud zufolge sind Menschen, die Geld horten, dieselben wie die, die als Babys ihre Hinterlassenschaften horteten.

Doch natürlich brauchen wir Geld. Laut John Maynard Keynes, dem Begründer der ***Makroökonomie***, ermöglicht es uns ein sinnerfülltes, angenehmes und bequemes Leben. Die Liebe zum Geld vergleicht er jedoch mit einer fast kriminellen, pathologischen Neurose.

Unternehmen nehmen bei Banken Darlehen auf, um Arbeiter einzustellen und ihnen Löhne zu zahlen. Arbeiter zahlen ihre Löhne bei Banken ein und brauchen diese Einlagen allmählich auf, wenn sie Rechnungen begleichen und Lebensmittel kaufen.

Durch Verkäufe der Unternehmen gelangen diese Einlagen auf deren eigene Bankkonten, so dass sie ihre Darlehen an die Banken zurückzahlen können.

Heutzutage finden immer mehr dieser Transaktionen elektronisch statt – durch „Tastenanschläge“ auf Rechnern.

Manche sagen, es wird bald nur noch „digitales Geld“ geben. Das finden viele verwirrend. Was sollen wir ohne Geld anfangen, das man in die Hand nehmen, in die Hosentasche stecken und in die Luft werfen kann, um zu entscheiden, welche Mannschaft das Spiel beginnt?

Was zum Kuckuck ist eine virtuelle Währung, die es gar nicht gibt? Ist Bitcoin Geld, und ist es unsere Zukunft?

Geld kann Angst machen. Als ich 1998 mein Buch mit dem Titel *Modernes Geld verstehen*

UND DAS TUT ES NOCH HEUTE.
FÜNFUNDZWANZIG JAHRE SPÄTER.

schrieb, warnte man mich, es werde „allen Angst und Bange machen“. Sie hatten Recht. Das tat es auch.

Wir wollen versuchen, es etwas weniger angsteinflößend zu machen.

Im nächsten Kapitel werden wir uns die „Genesis“ des Geldes – also seine Entstehungsgeschichte – näher ansehen, um hoffentlich ein Licht auf dessen „Natur“ zu werfen, ganz so, wie die Genesis in der Bibel ein Licht auf die „Erbsünde“ der Menschheit warf.

2

GELD: EINE ENTSTEHUNGSGESCHICHTE

Sehen wir uns einmal an, was wir heutzutage benutzen: Münzen aus Metall, Geldscheine aus Papier, Karten aus Plastik und digitale Transaktionen. Das ist eine ganze Menge! Was haben sie alle gemeinsam? Sie führen Buch.

Und zwar über... *Schulden*.

Geld entstand, als Menschen darüber Buch führen wollten, wieviel sie jemandem Anderen schuldeten.

Fangen wir beim Bargeld an – Geldscheine (Währung) und Münzen. Sie wissen, dass der Dollar aus Papier grün ist, auf der Vorderseite George Washington trägt und vom Schatzmeister und dem Finanzminister der Vereinigten Staaten unterzeichnet ist.

Auf der Rückseite lesen wir IN GOD WE TRUST („Wir vertrauen auf Gott") und sehen die Darstellung eines Auges auf der Spitze einer Pyramide sowie ein paar lateinische Wörter. Das ist etwas seltsam. Bei näherer Betrachtung werden Sie erkennen, dass dort steht, „Dieser Geldschein ist gesetzliches Zahlungsmittel für alle öffentlichen und privaten Schulden." Was immer das auch heißen mag! (Das sehen wir später.)

Der Vierteldollar zeigt ebenfalls den alten George, vertraut ebenfalls auf Gott und trägt auf der Rückseite einen Adler oder eines der fünfzig Staatssymbole.

Sie stellen auch Schecks auf Ihr Bankkonto aus. Ein Scheck ist eine Anweisung an Ihre Bank, in Ihrem Namen eine Zahlung zu leisten. Ihr Vermieter kann Ihren Scheck nicht ausgeben, sondern muss ihn bei einer Bank einzahlen

oder „einlösen". Ihre Bank wird eine Zahlung an die Bank Ihres Vermieters leisten – was sich „Clearing" nennt, und worauf wir gleich näher eingehen werden.

Wenn Sie es so machen wie ich, dann lassen Sie die Schecks wahrscheinlich liegen und richten bei Ihrer Bank einen Dauerauftrag ein oder benutzen „Plastik" (eine Kreditkarte).

Seit Covid ist das „kontaktlose Zahlen" mit Smartphone-Lesegeräten üblich geworden; dies findet über Near Field Communication (NFC) – Nahfeldkommunikation – statt, bei der ein Gerät Zahlungen über sogenannte *induktive Kopplung* durchführt. Das ist wohl so etwas wie das Gegenteil von Gwyneth Paltrows und Chris Martins *bewusster Entkopplung*. Wenn Sie das spannend finden, dann nur zu.

Aber was zum Kuckuck ist denn nun Geld? Papier? Metall? Plastik? Induktive Kopplung?

Die moderne Forschung hat den Ursprung des Geldes bis in die alten Tempel Babyloniens zurückverfolgt, wo es zur Buchführung benutzt

wurde – dort wurde aufgezeichnet, wieviel Verpflegung die Tempelarbeiter erhielten.

Tatsächlich entstand hierbei wahrscheinlich die Schrift, weil diese frühen babylonischen Buchhalter ihre Aufzeichnungen in Keilschrift auf tönernen *shubati*-Plättchen festhielten. Lassen Sie das einmal auf sich wirken:

Buchhalter, nicht Dichter, erfanden das Schreiben.

Ebenso die höhere Mathematik. Babylonische Buchhalter wussten, wie man auf Schulden Zinseszins berechnet. Ohne moderne Taschenrechner!

Wir halten Kredite – etwa einen Ratenkredit zur Finanzierung eines neuen Kühlschranks – für eine moderne Erfindung, doch tatsächlich fanden die meisten Käufe seit Menschengedenken auf Kreditbasis statt. Also musste jemand über die Schulden Buch führen.

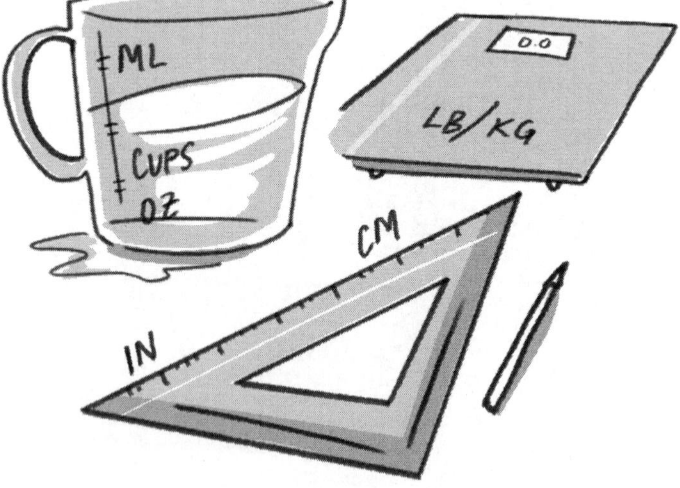

Diese Schulden mussten a) auf eine Messeinheit ***lauten*** und b) ***aufgezeichnet*** werden, damit nicht vergessen wurden.

Sie wissen, was eine Messeinheit ist – ein Zoll, eine Tasse, ein Pfund (oder, für unsere europäischen Freunde, ein Zentimeter, ein Liter, ein Kilogramm). Aber die Schulden, von denen wir sprechen, mussten in einer ***Geldeinheit*** gemessen werden – was man als ***Rechengeld*** bezeichnet. Der Wert einer Ziege und eines Fasses Bier lässt sich nicht in Länge, Volumen oder Gewicht messen. Heutzutage benutzen wir in Amerika selbstverständlich den ***Dollar***, um den ***Geldwert*** von Ziege und Bier zu messen.

In früheren Zeiten benannte man das Rechengeld normalerweise nach dem Gewicht von Getreide wie Weizen oder Gerste – der Name für das Geld leitet sich also vom Namen der Gewichtseinheit für die wichtigste Getreideart ab.

Interessanterweise bezeichnen die Briten ihre Geldeinheit immer noch mit dem Wort *Pfund*. Italien benutzte bis zur Einführung des Euro das Wort *Lira* (das italienische Wort für Pfund). Antike in der Bibel erwähnte Gewichtseinheiten waren die ***Mine***, das ***Talent*** und der ***Schekel*** – die alle auch frühe Geldeinheiten bezeichneten.

Im Altertum wurden Schulden in diesen Rechengeldern aufgezeichnet – in der ***Mine***, dem ***Talent***, dem ***Schekel***. Die ältesten Schulden, aus Babylonien, wurden auf den zuvor erwähnten Tontäfelchen aufgezeichnet.

Die religiösen Oberhäupter Babylons veröffentlichten an den Tempelsäulen auch den Geldwert von Waren und Dienstleistungen. So wurden Preise für handelsübliche Güter festgelegt. Etwa 5 Minen für eine Ziege und 6 Minen für ein Fass Bier, zum Beispiel. Wenn ich

ZECHSCHULDEN WURDEN MIT KREIDE AUF EINER SCHIEFERTAFEL FESTGEHALTEN

meine Ziege gegen Ihr Fass Bier tauschen wollte, so wäre ich Ihnen eine Mine schuldig (6–5=1). Wir würden diese Schuld in Minen festhalten (nicht in Ziegen oder Bier).

Die babylonischen Bierbrauerinnen, um ein anderes Beispiel zu nennen, schrieben Zechschulden auf eine Schiefertafel hinter der Theke, und zwar in Rechengeld – etwa eine Mine pro zehn Gläser Bier, die man trank.

Zechschulden beglich man nach der Ernte, indem man einen Teil seiner Gerste an die Bierbrauerin abgab, mit der sie dann neues Bier herstellte. Wenn man 5 Minen schuldete und ein Korb Gerste 2,5 Minen wert war, dann gab man zwei Körbe Gerste ab, um die Schuld zu begleichen.

Die Entwicklung der Technik zur Aufzeichnung dieser Schulden führte in den folgenden vier Jahrtausenden von Ton über Tinte auf Papier zu geprägten Münzen aus Metall und zu guter Letzt zu elektronischen Einträgen auf Computerfestplatten.

Die bevorzugte technologische Neuerung der europäischen Monarchen waren die Kerbhölzer. Den Begriff „score“ (eine breite Kerbe, die einen

Wert von 20 darstellt) benutzt das Englische noch heute, sowohl im Sport (zum Zählen von Punktegewinnen, beispielsweise im Baseball) als auch für das Einkerben von Holz.

Sie stellten eine modernisierte Version der markierten Tontäfelchen dar. Die Stöcke wurden dann gespalten und je eine Hälfte dem Gläubiger und dem Schuldner ausgehändigt.

In seiner Gettysburg-Rede spricht Abraham Lincoln von „four score and seven years" (siebenundachtzig Jahren). Der Begriff „score"

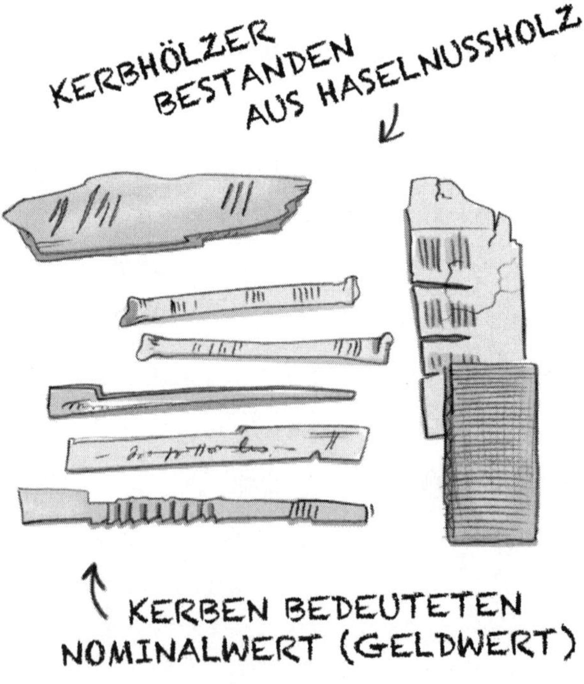

geht zurück auf die alte Praktik des Einkerbens von Kerbhölzern. Und auch heute sprechen wir noch davon, dass jemand „etwas auf dem Kerbholz“ hat.

Merken Sie sich die Kerbhölzer.

3

GELD: DIE GESCHICHTE VON DER ERLÖSUNG

Jetzt wissen wir, wie Geld entstand. Es entwickelte sich aus Schulden, die auf ein Rechengeld lauteten.

Wenden wir uns nun der Geschichte von der *Erlösung* zu – der Erlösung von unseren Schulden.

Fangen wir doch mit Pizza an. Alle mögen Pizza! Ob Sie es glauben oder nicht, ein Pizza-Gutschein ist etwas ganz Ähnliches wie Geld. Sie können ihn gegen eine Gratis-Pizza einlösen!

Dieser Gutschein ist eine Schuld von Joes Pizzeria – er

schuldet Ihnen eine Pizza. Sie bringen ihn zu Joe und tauschen ihn gegen Pizza ein.

Sie freuen sich – Sie haben eine Gratis-Pizza erhalten. Joe freut sich – er schuldet Ihnen keine Pizza mehr und hat möglicherweise eine treue Kundin gewonnen, die wiederkommen und dann mit Dollars statt Gutscheinen bezahlen wird.

Was macht Joe nun mit dem Gutschein? Dieser Gutschein war sein Schuldschein über eine Pizza. Glauben Sie, er legt ihn in die Kasse und rechnet ihn gemeinsam mit den Banknoten ab, die er von seiner zahlenden Kundschaft eingenommen hat? Natürlich nicht. Er wirft ihn in seinen Holzbackofen.

SIE KÖNNEN DEN GUTSCHEIN GEGEN EINE PIZZA „EINLÖSEN"

Ihnen gab dieser Gutschein Anspruch auf eine Pizza – wie eine Art „Geld“, für das Sie eine Pizza bekommen.

Für Joe ist er nach der *Einlösung* bloß Müll.

Hier haben wir ein Grundprinzip der Buchhaltung. Sobald Sie Ihren Schuldschein bei der Einlösung zurückerhalten, wird er zu Müll. Verbrennen Sie ihn.

Was bedeutet die Einlösung? Sie ist die Erlösung von Schulden. Ob Sie es glauben oder nicht, das hat tatsächlich eine religiöse Konnotation. Die von Jesus gesprochene semitische Sprache benutzt dasselbe Wort für Sünde wie für Schulden. Man sucht Erlösung von Sünden und von Schulden.

Okay, aber was hat das mit Geld zu tun? Erinnern Sie sich noch an die Kerbhölzer mit den Kerben, mit denen man Geldwert notierte?

Wollte der König von England seine Armee ausrüsten, dann wies er sein Schatzamt an, Hölzer einzukerben und sie in zwei Teile – einen Stock und ein Gegenstück – zu spalten.

Anschließend konnte der Schatzmeister mit dem Gegenstück einen Hoflieferanten „bezahlen“. Angenommen, der König brauchte

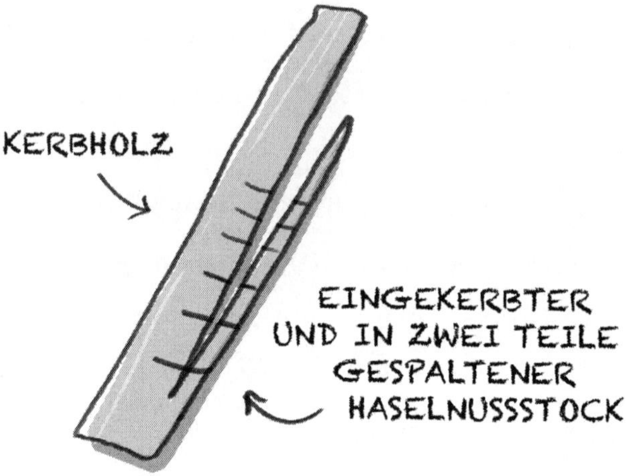

ein Maultier, das 20 Pfund kostete. Ein Kerbholz mit einer breiten Kerbe (gleich dem Wert von 20 Pfund) wurde geteilt, wobei der Schatzkanzler den Stock einbehielt und den Verkäufer des Maultiers mit dem Gegenstück bezahlte. Anschließend behielt der Verkäufer das Gegenstück oder beglich damit seine eigenen Schulden.

Wenn Steuern fällig wurden, sammelte der Schatzmeister in jedem Dorf die Gegenstücke der Kerbhölzer als Steuerzahlungen ein, wobei er sie sorgfältig mit den Stöcken des Königs (den anderen Hälften der Kerbhölzer) abglich.

Warum wurden sie abgeglichen? Um sicherzustellen, dass sie nicht gefälscht worden waren (und zwar mit weiteren Kerben – als würde man den Wert eines Ein-Dollar-Scheins mit ein paar zusätzlichen Nullen auf einhundert Dollar erhöhen).

Passten die zwei Hälften eines Kerbholzes zusammen, waren die Steuern bezahlt. Und nachdem alle Kerbhölzer eingesammelt waren, verbrannte der Schatzmeister sie, um sicherzugehen, dass sie nicht wieder für Zahlungen verwendet werden konnten.

Kerbhölzer wurden allmählich abgeschafft und durch Münzen aus Metall ersetzt. Das britische Schatzamt wurde es leid, die Kerbhölzer mühsam einzusammeln, abzugleichen und anschließend zu verbrennen. Zu guter Letzt warf der Schatzmeister 1834 im Westminster-Palast (dem Sitz des Parlaments) die letzten Kerbhölzer mit solcher Begeisterung ins Feuer, dass es außer Kontrolle geriet und das Gebäude fast vollständig niederbrannte!

Schauen wir uns ein neueres Beispiel aus den USA an: die amerikanischen Kolonien (vor der Revolution von 1776, aus der die

MERKEN SIE SICH DAS FEUER.
DIE KERBHÖLZER WURDEN VERBRANNT.

Vereinigten Staaten hervorgingen). Die cleveren amerikanischen Siedler führten eine geldtechnische Neuerung im Westen ein: Papierwährung. (Zu der Zeit war Papiergeld in China bereits seit Jahrhunderten im Umlauf – der Westen hinkte hinterher.)

Als Kolonien mussten sie britische Münzen benutzen – das Prägen eigener Münzen war ihnen untersagt. Weil britische Münzen stets Mangelware waren, erließen die Kolonien

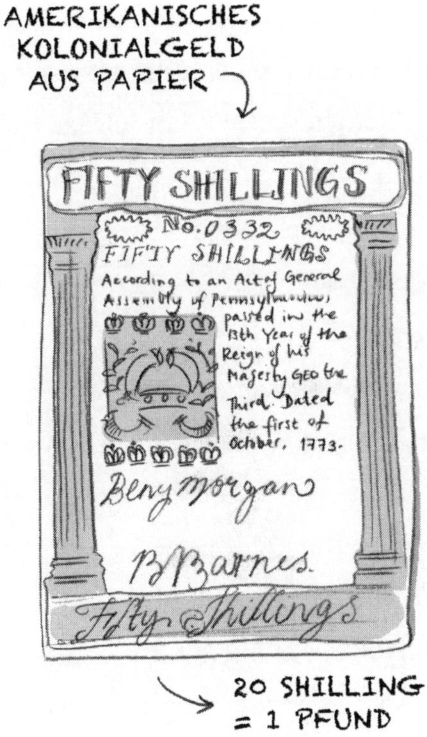

Gesetze, die es ihnen gestatteten, für Staatsausgaben Papierscheine zu drucken, etwa im Wert von 10.000 Virginia-*Pfund*. (Anmerkung: In Anlehnung an die britische Bezeichnung hieß dieses Rechengeld Pfund, wurde jedoch nach der Revolution von 1776 durch den *Dollar* ersetzt.)

Gleichzeitig erließen sie ein Steuergesetz, mit dem sie 10.000 *Pfund* an Steuereinkünften einnehmen wollten.

Diese Verbindlichkeiten wurden „Tilgungssteuern" genannt.

Wenn diese Noten in der Wirtschaft in Umlauf kamen, konnten die Steuerzahler sie zur Zahlung der Steuern benutzen. Die Kolonialregierungen führten genaue Aufzeichnungen über Ausgaben und Besteuerung, aus denen hervorgeht, dass etwa drei Viertel der Noten als Steuereinnahmen zurückkamen.

Wenn die Kolonialregierung die Noten als Steuereinnahmen zurückerhielt, verbrannte sie sie.

Noch einmal: Die Kolonialregierungen verbrannten alle Steuereinnahmen.

Erkennen Sie ein Muster? Einnahmen. Tilgung. Feuer.

Interessanterweise kommt das englische Wort für Einnahmen, *revenue*, aus dem Französischen und bedeutet „zurückkehren". Was kehrte zurück? Die Papiernoten, die von der Regierung ausgegeben worden waren.

ALLE ZURÜCKGEKEHRTEN NOTEN WURDEN VERBRANNT.

Wie Kerbhölzer und Pizza-Gutscheine, so wurde auch das Steuergeld aus Papier nach der Rückgabe an den Herausgeber verbrannt. Das war mit „Tilgungssteuern" gemeint.

Das Kerbholz oder Papiergeld wurde „eingelöst" und nach Zahlung der Steuern verbrannt.

Erlösung! Wenn der Steuerzahler seine Steuern getilgt hatte, war er von seiner Steuerschuld erlöst. Gleichzeitig war die Kolonialregierung nicht mehr verpflichtet, ihre Währung als

Zahlungsmittel anzunehmen – weil das Geld eingelöst und verbrannt wurde.

Sowohl der Steuereinnehmer als auch der Steuerzahler waren erlöst. Gleichzeitig. Halleluja!

Der Begriff der Erlösung mag zunächst seltsam erscheinen, deshalb wollen wir uns ein letztes Beispiel ansehen.

Man kann an einer Führung durch eine der Distriktbanken der Fed teilnehmen (insgesamt gibt es zwölf in verschiedenen Städten der USA, unter anderem in Boston, San Francisco und

BEI DER FED WERDEN BENJAMINS GESCHREDDERT.

Chicago), und am Ende der Führung erhalten Sie ein Tütchen mit geschredderten grünen Geldscheinen. Es können auch „Benjamins" (100-Dollar-Scheine) darunter sein!

Wie, die Fed schreddert einfach ihr Geld? Ist das nicht eine wahnsinnige Verschwendung von „Steuergeldern"? Warum wurde es nicht stattdessen ausgegeben?

Diese Papierscheine sind die Schulden der Fed – deshalb heißen sie Federal Reserve Notes. Ungefähr so wie Joes Gutscheine.

Wenn ***Sie*** Pizza-Gutscheine oder 100-Dollar-Benjamins besitzen, sind es Vermögenswerte – etwas, das Sie sparen oder ausgeben können. Wenn Fed Notes bei der Fed eingehen, dann sind sie lediglich Papier – wie die bei Joe „eingelösten" Gutscheine.

Es stimmt zwar, dass die Fed einige davon aufbewahren und wieder in Umlauf bringen könnte (und ehrlich gesagt könnte Joe das auch mit seinen Pizza-Gutscheinen tun), doch wenn sie bei der Fed sind, gelten sie nicht als Vermögenswerte. Sie sind bloß Papier.

Sie sind nur etwas wert, wenn sie *nicht* bei der Fed sind – also, wenn *Sie* sie in den Händen halten. Denn in Ihren Händen werden sie zu Schuldscheinen der Fed und zu Ihrem Vermögen.

Dasselbe gilt auch für Joes Gutscheine – sie sind nichts wert, wenn sie bei Joe sind, aber in *Ihren* Händen sind sie eine Pizza wert. Es wäre albern und etwas verrückt, wenn Joe seine eigenen Gutscheine benutzen würde, um von sich selbst eine Pizza zu verlangen! Die Gutscheine sind seine Schuldscheine.

Genauso ist es bei der Fed: Ihre Noten sind ihre Schuldscheine. Wenn sie an die Fed zurückgehen, können sie geschreddert werden.

Joe kann jederzeit mehr Pizza-Gutscheine drucken und an potenzielle Kundschaft verteilen. Die Fed kann jederzeit mehr Papiergeld drucken und in Umlauf bringen. Seltsamerweise können weder Joe noch der Fed die Schuldscheine ausgehen.

Aber bitte nicht zu Hause nachmachen! Wenn Sie gefälschte Noten der Federal Reserve drucken und ausgeben, kommen Sie ins Gefängnis.

4

WÄHRUNG: DAS GELD DER REGIERUNG

Bis jetzt haben wir Folgendes besprochen:

1. Geld hat viele Formen (Kerbhölzer, Münzen, Noten, Schecks), ist aber eigentlich nur ein Schuldschein – wie ein Pizza-Gutschein.
2. Wie alle Schuldscheine kann es geschreddert oder verbrannt werden, sobald es seinem Herausgeber zurückgegeben wird.

Aber was bedeutet das für die Dollarnote? Ist auch sie nur ein Schuldschein? Wer schuldet wem was?

Stellen Sie sich vor, Sie sind König Ihres eigenen Königreichs. (Wie schön!) Aber Sie befürchten, dass Ihr Nachbarkönig Sie überfallen könnte. (Nicht so schön!) Sie müssen eine Schlossmauer bauen. Sie brauchen Maultiere und Arbeiter, die Ziegel herbeischaffen, und gelernte Maurer, die die Mauer bauen.

Zu Ihrem Glück gibt es in Ihrer Nähe ein Dorf mit Arbeitern und Maultieren, und Sie sind nun mal der souveräne König und, anders als normale Sterbliche, im Besitz souveräner Macht. Ein König kann seinen Untergebenen Gebühren, Strafzahlungen, Steuern, Abgaben und Zölle auferlegen. Als König können Sie bestimmen, welches Zahlungsmittel Sie annehmen. Und mit Ihrem Schwert können Sie die Zahlungen eintreiben.

Sie beschließen, neue Münzen zu prägen – natürlich mit *Ihrem* Gesicht auf der Vorderseite. Sie verkünden, dass jede Münze einen *Dukaten* wert ist (so hieß eine italienische Münze im Mittelalter – klingt vornehmer als Ihr Nachname, „Johnson“).

Sie wollen mit den Münzen Arbeiter einstellen und Maultiere kaufen. Aber warum sollte die irgendjemand annehmen?

Weil Sie allen Dorfbewohnern eine Steuer auferlegen – alle müssen monatlich eine Steuer von 1 Dukaten an Sie entrichten, bis die Mauer fertiggebaut ist.

Ihre Untergebenen müssen sich Münzen beschaffen, um ihre Steuern zu bezahlen – und Sie sind alleiniger Emittent der Münzen, also müssen sie diese von Ihnen bekommen. Ganz einfach.

Regierungen brauchen eigentlich kein Geld – wie Sie wissen, verbrennen sie die Einnahmen ohnehin (oder schmelzen sie ein). Was sie brauchen, sind Maultiere, Wagen, Soldaten und Seeleute. Sie benutzen ihre Währung, um das zu kaufen, was sie wirklich brauchen. Aber Regierungen müssen ihre Untergebenen oder

Bürger dazu bringen, ihre Dinge (zum Beispiel Maultiere) im Tausch gegen die Währung der Regierung herzugeben.

Wir sprachen bereits von den Tilgungssteuern, die von den amerikanischen Kolonialregierungen erhoben wurden und mit dem von ihnen emittierten Papiergeld entrichtet werden mussten. Und wir erwähnten die von europäischen Monarchen benutzten Kerbhölzer.

Metallmünzen wurden etwa siebenhundert Jahre vor Christi Geburt erfunden und waren im mittelalterlichen Europa gemeinsam mit Kerbhölzern in Gebrauch.

In allen Fällen erhoben souveräne Regierungen Steuern und andere Verbindlichkeiten, emittierten ihre eigenen Schuldscheine als Währung und nahmen die Währung dann zur Zahlung von Steuern, Gebühren und Strafen an.

Manchmal setzten sie auch durch, dass ihre Währung von Anderen für private Transaktionen benutzt wurde. Sie verfügten den Gebrauch ihrer Münzen als „gesetzliches Zahlungsmittel" – eine Praktik, die sich bis auf die eigenen Noten der Fed erstreckt, wie wir zuvor gesehen haben. Die Münzen zu „gesetzlichem Zahlungsmittel" zu erklären bedeutete, dass sie bei allen Zahlungen angenommen werden mussten – sowohl zur Zahlung von Schulden als auch um Dinge zu kaufen.

Auf Nichtzahlung konnten empfindliche Strafen folgen, bis hin zur Todesstrafe. Bei dieser Aussicht auf strenge Bestrafung war man doch eher gewillt, die Münzen anzunehmen – aber man musste bei der Ablehnung erwischt werden. Wurde man erwischt, dann bekam man unter Umständen eine glühende Münze auf die Stirn gebrannt, als Abschreckungsmittel für Andere!

Trotzdem, wenn fast jeder Zahlungen an die Krone leisten muss, dann werden die Münzen der Krone auch von allen angenommen – weil alle mit diesen Münzen Verbindlichkeiten wie Gebühren, Strafen und Steuern bezahlen können.

Und weil der König so ziemlich alles verbot, was die Bürgerinnen und Bürger zum Überleben brauchten (wie das Jagen von Wild und das Schlagen von Feuerholz im Sherwood Forest in der Erzählung von Robin Hood), mussten sich so gut wie alle Münzen beschaffen, wenn sie nicht im Kerker landen wollten.

Wir wollen jedoch nicht leugnen, dass der Gebrauch von Münzen auch Vorteile hatte. Man konnte sie auch im Handel benutzen – der beträchtlich zunahm, als Münzen reichlich verfügbar wurden.

Fassen wir also zusammen: Der souveräne Herrscher emittiert eine Währung (geprägte Münzen, gekerbte Hölzer, gedruckte Papiernoten), benutzt sie zum Kauf von Waren und Dienstleistungen, erlegt Steuern auf und nimmt die Währung zur Zahlung der Steuern an. Und verbrennt dann die Einnahmen oder schmilzt sie ein.

Kurz gesagt: „Steuern treiben Geld an“, und zwar insofern, als die Verpflichtung zu

PRÄGUNG, BESTEUERUNG, EINLÖSUNG

Zahlungen an die herrschende Obrigkeit (heutzutage meist Steuern, doch es können auch Gebühren, Strafen, Beiträge oder Abgaben sein) die Untergebenen (in einer Monarchie) oder Bürger (in einer Demokratie) dazu antreibt, Waren oder Dienstleistungen zum Verkauf anzubieten, um das nötige Geld zur Zahlung der Verbindlichkeiten zu erhalten.

Die Steuerzahler „erlösen“ sich von ihrer Schuld, während die Obrigkeit die Währung zurückerhält, weil sie sie als Zahlung entgegennimmt.

DIE NOTWENDIGKEIT, STEUERN ZU ZAHLEN, BEDEUTET,... DASS DIE MENSCHEN ARBEITEN, UM DAS ZU ERHALTEN, WOMIT STEUERN GEZAHLT WERDEN.

Im heutigen Amerika haben wir eine Demokratie – zwar ohne Monarchen, doch erlegen uns unsere gewählten Volksvertreter Steuern in Dollars auf. Am Steuertag zahlen wir an das Finanzamt. Wir werden später sehen, welche Formen von Geld wir heutzutage benutzen, um unsere Steuerschulden zu tilgen.

Wer Steuern zahlen muss, arbeitet oder verkauft Dinge, um das Geld der Regierung zu erhalten – mit dem Steuern gezahlt werden können.

Betrachten Sie es einmal so: Die Regierung benötigt Ressourcen. Im dunklen Zeitalter der Monarchien wurden Ressourcen hauptsächlich darauf verschwendet, den Lebensstil der Krone zu finanzieren.

Heutzutage wird in einer Demokratie erwartet, dass die Regierung dem Wohl des Volkes dient – das heißt, dass sie Ausgaben tätigt, um *uns* zu helfen.

Dazu sind die Regierungen größtenteils auf Ressourcen angewiesen, die aus dem Nichtregierungssektor – Haushalte und Unternehmen – kommen. Also von *uns* – von Unternehmen, die Waren und Dienstleistungen liefern, und von Arbeiterinnen und Arbeitern, die sie produzieren.

Es könnte ja auch anders laufen. Damals in der Monarchie gingen Sie in die Kneipe, um ein Bier zu trinken. Und tranken vielleicht ein kleines bisschen zu viel.

Die Regierung braucht Seeleute für die Kriegsmarine. Sie wachen am nächsten Morgen auf und stellen fest, dass Sie zur Kriegsmarine eingezogen worden sind.

Dann vielleicht doch lieber Steuern, damit die Regierung an Ressourcen kommt.

Anstatt einfach alles zu beschlagnahmen, was sie benötigt – Maultiere, Wagen und Soldaten –,

kann die Regierung Geld benutzen, um sie zu bezahlen. Sie können der Regierung freiwillig Dinge verkaufen, wenn Sie mit dem Preis einverstanden sind.

Sie werden jedoch Steuern zahlen müssen – oder müssen mit einer Strafe rechnen.

5

KANN DER REGIERUNG DIE WÄHRUNG AUSGEHEN?

Fassen wir kurz zusammen, was wir bisher gelernt haben.

1. Geld ist in Wirklichkeit nur ein Schuldschein, der auf ein Rechengeld lautet.
2. Die Regierung kann uns Verbindlichkeiten, beispielsweise Steuern, auferlegen, zahlbar mit ihren eigenen Schuldscheinen, Währung genannt.
3. Sie kann ihre Währung ausgeben, um Arbeitskräfte zu beschäftigen und benötigte Güter anzuschaffen.
4. Wie jeder Aussteller eines Schuldscheins kann sie ihre Währung vernichten, wenn sie sie als Steuerzahlungen erhalten hat.

Daraus ergibt sich eine weitere Frage: Wenn Dollars lediglich Schuldscheine unserer

Regierung sind, heißt das dann, dass Uncle Sam die Dollars nie ausgehen können?

Richtig!

Sie erinnern sich, Pizza-Joe können die Gutscheine nie ausgehen. Unter Umständen kann ihm die Pizza ausgehen, nicht jedoch die Gutscheine.

Vielen Menschen ist das nicht klar – selbst vielen Ökonomen und Politikern nicht. Einige freunden sich jedoch allmählich mit dem Gedanken an – wie wir sehen werden.

In diesem Kapitel befassen wir uns damit, was einige berühmte – und nicht so berühmte – Ökonominnen und Ökonomen und selbst ein ehemaliger Präsident über das Geld der Regierung gesagt haben.

1996 unterbreitete ein Hedgefonds-Typ namens Warren Mosler einer Gruppe von Ökonominnen und Ökonomen einen klugen Gedanken: Die Regierung braucht für ihre Ausgaben gar keine Steuereinnahmen. Stattdessen *brauchen wir die Währung der Regierung*, um Steuern zahlen zu können.

Warren ist Experte für Staatsanleihen – er spezialisierte sich auf den Handel damit –,

deshalb wusste er eine Menge über Staatsfinanzen. Und er erkannte, dass die meisten Menschen diese Finanzen falsch verstehen.

Die Regierung ist die Quelle der Währung. Die Regierung muss die Währung ausgeben, bevor wir – die Steuerzahlerinnen und Steuerzahler – damit Steuern bezahlen können. Die Regierung gibt also keine Steuereinnahmen aus. Wofür sind Steuern dann gut? Um eine Nachfrage nach der Währung zu schaffen!

Mit der Einsicht, dass Steuern die Nachfrage nach der Währung treiben, sowie der Erkenntnis, dass die Regierung ihre Währung erst ausgeben muss, bevor sie Steuerzahlungen erhält, kam die schockierende Schlussfolgerung, dass die Regierung keine Steuereinnahmen benötigt, um ihre Ausgaben zu finanzieren!

Ist doch klar. Die Regierung verbrennt ihre Einnahmen. Da bleibt nichts für Ausgaben übrig!

Doch Warren war nicht der erste, der diesen offensichtlichen Punkt erkannt hatte.

Tatsächlich predigte der Gouverneur der Fed in New York gleich nach dem Zweiten Weltkrieg im ganzen Land, dass „Steuern zwecks Einnahmen überholt" seien.

Sein Name war Beardsley Ruml. (Ja, so hieß er wirklich. Und nein, er trug keinen Bart.)

Was er damit meinte, war, dass Steuern vielleicht für andere Zwecke gut sind, dass wir jedoch keine doofen Steuern brauchen, um Staatsausgaben zu finanzieren. Tatsächlich gibt die Regierung Steuereinnahmen nicht aus, sondern verbrennt sie.

Doch wenn das stimmt, wie finanziert die Regierung ihre Ausgaben dann?

Interessanterweise lieferten uns kürzlich zwei weitere bekannte Präsidenten der Federal

Reserve unabhängig voneinander Hinweise darauf, als sie vor dem Kongressausschuss aussagten.

Der Präsident der Fed, Alan Greenspan, war bekannt dafür, dass er die supertolle freie Marktwirtschaft verfocht. Schon bevor er zur Fed kam, wurde er von Präsident Ronald Reagan Mitte der 1980er Jahre dazu erwählt, das Sozialversicherungsprogramm* zu „reformieren",

* Die Sozialversicherung wurde in den 1930ern gegründet und versorgt Arbeiter im Ruhestand mit einem monatli-

von dem viele befürchteten, dass ihm bald das Geld ausgehen würde.

Schließlich würde es bald eine Flut von Pensionierungen geben, wenn die Babyboomer (die in den zwei Jahrzehnten nach dem Zweiten Weltkrieg Geborenen) fünfundsechzig Jahre alt würden. Deshalb setzte sich Greenspan als Leiter dieses Ausschusses für eine kräftige Erhöhung der Lohnsteuer ein, um Einnahmen zu erhalten, die für die Pensionierungen der Babyboomer zurückgelegt werden sollten.

(Und jetzt ist es so weit! Die Hälfte der Babyboomer ist inzwischen in Rente gegangen.)

Trotz der Steuererhöhungen begann in den 1990er Jahren erneut das Händeringen um die Fähigkeit der Sozialversicherung zur Zahlung der Leistungen. Zu dem Zeitpunkt war Greenspan Präsident der Fed. Er wurde vor den Kongress gerufen und vom Abgeordneten Paul Ryan ohne Umschweife zum potenziellen Bankrott der Sozialversicherung befragt.

chen Einkommen. Sie erhebt zudem eine Lohnsteuer von Arbeitnehmern und deren Arbeitgebern. Mit dieser Steuer werden angeblich die Pensionierungen „bezahlt". Doch, wie Greenspan später einräumte, sind für die Beihilfezahlungen keine Steuern nötig.

Erstaunlicherweise sagte er diesmal „nein“. Die Regierung ist imstande, alle fällig werdenden Zahlungen zu leisten, indem sie „so viel Geld druckt, wie sie drucken will“.

Aber kann ein Blitz zweimal einschlagen? Ja, das kann er tatsächlich. Überspringen wir zehn Jahre. Ben Bernanke löste Greenspan am Ruder der Fed ab. Er wurde vor den Kongress zitiert, nachdem die Fed nach der globalen Finanzkrise Rettungspakete für Finanzinstitutionen bereitgestellt hatte. Für die Rettung des Finanzsystems hatte die Fed insgesamt 29 Billionen US-Dollar verliehen und ausgegeben.

Billionen, mit B. Neunundzwanzig, und dahinter zwölf Nullen. Der Kongress war außer sich. Der Kongress wollte wissen, woher Bernanke das ganze Geld genommen hatte. War es etwa das Geld der Steuerzahler?

Nein. Ruhig erklärte Bernanke, die Fed habe da so eine neue Erfindung – einen Computer –, und er habe nur ein paar Tasten drücken müssen, damit 29 Billionen Dollar entstanden. Die Fed erschuf das Geld einfach. Ohne Steuern.

Die Regierung gibt keine Steuereinnahmen aus.

PELLEY: „GIBT DIE FED ETWA STEUERGELDER AUS?"

BERNANKE: „DAS SIND KEINE STEUERGELDER. WIR BENUTZEN EINFACH DEN COMPUTER, UM DEN KONTOSTAND ZU ERHÖHEN."

Trotzdem antwortete Präsident Obama auf die Frage, warum die Regierung nach der globalen Finanzkrise nicht mehr für den Einzelhandel tun könne, das täte er nur zu gern, doch der Regierung sei das Geld ausgegangen!

Scheinbar haben nur wenige Politikerinnen und Politiker Ruml, Mosler, Greenspan und Bernanke zugehört. Der Regierung kann das Geld nicht ausgehen!

Trotzdem schlug der Blitz 2020 erneut ein, als unsere Wirtschaft von der Covid-Pandemie getroffen wurde. Präsident Trump als erster und nach ihm Präsident Biden brachten den Kongress dazu, Pandemie-Beihilfen von insgesamt 5 Billionen US-Dollar zu gewähren!

In großem Stil wurden Schecks im Wert von Tausenden von Dollars versandt.

Wie kam der Kongress zu dem Geld? Durch Tastenanschläge auf den Computern der Fed.

Diese Gelder halfen den Amerikanerinnen und Amerikaner durch diese schwere Zeit – sie hatten weiterhin Strom, konnten ihre Mieten und Hypotheken zahlen und Essen auf den Tisch bringen. Der Abschwung in der Pandemie war tief, doch die Erholung begann rasch.

Es zeigte sich jedoch bald, dass der Kongress nicht viel Ahnung hat, denn nach Bewilligung des Pandemie-Beihilfepakets ruderten die Politiker zurück und lehnten Präsident Bidens Vorschlag zur Erneuerung der US-amerikanischen Infrastruktur ab – Strom- und Schienennetze, Autobahnen, Schulen, Flughäfen und Brücken.

Viele sagten, es ist zu kostspielig. Die Regierung hat das Geld nicht, und wir können nicht die Steuerzahlerinnen und Steuerzahler dafür zur Kasse bitten.

Leider ging die Covid-Pandemie nicht so bald zu Ende. Amerika brauchte noch mehr staatliche Beihilfen für Gesundheitsversorgung,

Forschung zur Verbesserung der Impfungen und die Anschaffung von Sicherheitsausrüstungen und Testmaterial. Und mehr Unterstützung für diejenigen, die nicht arbeiten konnten, aber Gefahr liefen, das Dach über dem Kopf zu verlieren.

Es gab keine weiteren Beihilfen, weil der Kongress das Geld dafür nicht auftreiben konnte!

Wenn Politiker begreifen, dass Uncle Sam stets Geld auftreiben kann, dann können sie den Bürgern ein besseres Leben ermöglichen. Ohne diese Erkenntnis ist es jedoch, als würde man Uncle Sam mit gefesselten Armen in den Boxring schicken.

Als nächstes wollen wir uns mit einigen Bemerkungen beschäftigen, die von jemandem stammen, der sehr wohl etwas von Staatsfinanzen versteht: dem Abgeordneten John Yarmuth, Vorsitzender des Haushaltsausschusses des US-Repräsentantenhauses.

Einen Haufen humorloser, Zahlen verarbeitender Bürokraten zu leiten klingt nach einer öden, einschläfernden Aufgabe. Aber hier geht es zur Sache.

„WIR EMITTIEREN UNSERE EIGENE WÄHRUNG, UND WIR KÖNNEN GENUG DAVON AUSGEBEN, UM DIE BEDÜRFNISSE DES AMERIKANISCHEN VOLKES ZU ERFÜLLEN."

Aufgabe des Haushaltsausschusses ist es, alle Ausgaben- und Steuerpakete durch den Kongress zu bringen – und wenn sie genehmigt werden, erarbeitet der Ausschuss mit dem Senat und dem Präsidenten ein Gesetz dafür. All diese Pandemie-Beihilfen gingen durch Yarmuths Hände – die gesamten 5 Billionen US-Dollar.

Und Yarmuth versteht etwas von Geld, wie er 2021 in einem beeindruckenden Interview auf C-Span bewies:

Seit jeher haben wir immer gefragt, „Welche Maßnahmen können wir uns *leisten*?" Und das ist nicht die richtige Frage. Die richtige

Frage lautet, *„Welche Maßnahmen braucht das amerikanische Volk von uns?“* Und *diese* Frage müssen wir uns zuerst stellen. Wenn man *die* beantwortet hat, dann fragt man, *„Woher nimmt man die Mittel dafür?“*

Wir emittieren unsere eigene Währung, und wir können genug davon ausgeben, um die Bedürfnisse des amerikanischen Volkes zu befriedigen – die einzige Beschränkung liegt in der Beschaffung der Mittel zur Befriedigung der Bedürfnisse.

Er hatte es verstanden.

Angesichts der Klimakatastrophe, einer andauernden weltweiten Pandemie, Flüchtlingskrisen, ansteigender Meeresspiegel, endloser Brände, Armut und Obdachlosigkeit müssen wir unseren Politikerinnen und Politikern in diesen Zeiten beibringen, dass Uncle Sam tatsächlich das benötigte Geld auftreiben kann, um Abhilfe zu schaffen.

Wir haben das Geld. Wir haben die Ressourcen. Wir müssen nur die Bereitschaft unserer gewählten Volksvertreter erhöhen, das Richtige zu tun.

HYMAN P. MINSKY
1919 – 1996

6

JEDER KANN GELD ERSCHAFFEN?

Die vorherigen Kapitel legten den Schwerpunkt auf das Geld der Regierung – sogenannte souveräne Währung. Wir haben uns jedoch auch mit Schecks und Pizza-Gutscheinen befasst. Und wir haben die Aufzeichnung von Zechschulden in Kneipen besprochen.

Geld ist stets eine Schuld – aber eine spezifische Art von Schuld: eine Schuld, die auf Geld lautet. Also ein Versprechen, mit Geld zu bezahlen. Kein Versprechen, mit Pizza zu bezahlen! Und jeder kann einen Schuldschein ausstellen!

Wenn Sie das immer noch nicht glauben, dann können Sie meinem Professor, Hyman Minsky, glauben, der immer sagte, „Jeder kann Geld erschaffen“.

Wow. Jeder? Ja, jeder. Auch Sie!

„JEDER KANN GELD ERSCHAFFEN..."

Sie brauchen nur zu schreiben, „Ich schulde dir 5 Dollar".

Aber freuen Sie sich nicht zu früh, denn, wie Minsky mahnte, das Problem an selbst erschaffenem Geld ist seine Akzeptanz

Worauf wollte Minsky da hinaus? Geld ist stets und überall eine Schuld seines Emittenten – ein Schuldschein. Und es ist ein Guthaben des Inhabers – aus der Sicht des Gläubigers stellt es eine Forderung dar.

Zwei Seiten derselben Medaille sozusagen.

Aber *Sie* können niemanden dazu zwingen, Ihren Schuldschein zu akzeptieren – die anderen

„DAS PROBLEM IST DIE AKZEPTANZ."

müssen aus freien Stücken Ihre Gläubiger werden.

Bei Schulden gilt es zwei wichtige Aspekte zu berücksichtigen. Als erstes müssen Sie beim Ausstellen eines Schuldscheins angeben, worauf er *lautet*. Vielleicht schreiben Sie, „Ich schulde Ihnen eine Tasse Zucker“. Ihre Schuld lautet auf Zucker. Sie versprechen, mit Zucker zu zahlen. Das ist keine Geldschuld.

Als zweites halten Sie die Schuld fest, indem Sie sie auf ein Stück Papier schreiben (denken Sie an den Pizza-Gutschein – die Pizzeria schrieb ihre

Schulden auf Papier). Der Schuldschein im Besitz Ihrer Nachbarin ist ein Beleg über Ihre Schuld.

Wir haben bereits über Aufzeichnungen auf Tontäfelchen, eingekerbte Hölzer, geprägte Münzen und Computer-Festplatten gesprochen. Lauter Technologien, die sich im Laufe der Zeit ändern.

Was sich nicht ändert, ist die Tatsache, dass Geld stets die Aufzeichnung einer Schuld ist.

Wenn Sie Ihre Zuckerschulden begleichen, gibt Ihnen Ihre Nachbarin den von Ihnen ausgestellten Zucker-Schuldschein zurück.

Was machen Sie damit? Sie zerreißen ihn natürlich! Das ist Ihre Erlösung. Jetzt sind Sie von Ihren Schulden befreit.

GELD IST DIE AUFZEICHNUNG VON SCHULDEN

Dasselbe gilt, wenn Sie einen Schuldschein über Geld ausstellen: Ich schulde Ihnen 5 $. Wenn Sie Ihre Schulden bezahlen, indem Sie die fünf Dollar zurückgeben, bekommen Sie Ihren Schuldschein zurück und vernichten ihn.

Sie können also Schuldscheine über „Zuckerschulden" und „Geldschulden" ausstellen. Das sind Schuldscheine, die jeweils auf Zucker oder Geld lauten.

Aber das Entscheidende daran ist die Akzeptanz. Wahrscheinlich können Sie Ihre Familie und enge Freunde überreden, Ihren Schuldschein anzunehmen. Aber ohne enge persönliche Beziehungen wird es mit der Akzeptanz schwierig.

Unbekannte bezweifeln, ob Sie Ihre Schulden begleichen werden.

Um akzeptiert zu werden, müssen Schuldscheine spezielle Merkmale aufweisen. Drei davon wollen wir kurz untersuchen: Übertragbarkeit, Liquidität, Rendite. Diese Merkmale können Ihrem Schuldschein zu höherer Akzeptanz verhelfen.

ÜBERTRAGBARKEIT,
LIQUIDITÄT UND RENDITE
ERHÖHEN DIE AKZEPTANZ

Übertragbarkeit bedeutet, dass ein monetärer Schuldschein weitergegeben werden kann. Angenommen, Sie stellen Ihrer Mutter einen Schuldschein über 5 $ aus. Sie nimmt ihn an, denn Sie vertraut darauf, dass Sie Ihre Schuld begleichen werden. Sie schuldet Ihrem Bruder 5 Dollar für Gartenarbeit. Sie bezahlt ihn mit Ihrem Schulschein. Er nimmt ihn an, weil… nun ja, weil er Ihr Bruder ist. Jetzt haben Sie Schulden bei ihm.

Im Grunde genommen hat Ihre Mutter Ihren Schuldschein dazu benutzt, um ihre eigenen Schulden zu begleichen. Sie zahlen Ihrem Bruder die 5 Dollar, erhalten Ihren Schuldschein zurück und zerreißen ihn.

Der entscheidende Punkt hierbei ist: wenn Ihr Schuldschein allgemein akzeptiert wird, kann Ihr Gläubiger ihn dazu benutzen, bei jemand anderem etwas zu kaufen oder eine Schuld bei jemand anderem zu begleichen – in beiden Fällen wird Ihr Schuldschein an jemand anderen weitergegeben.

Wenn jemand für Ihren Schuldschein bürgt, erhöht das dessen Akzeptanz. Der Bürge verspricht, die Zahlung zu leisten, falls Sie dies nicht tun. Dabei ist es von Vorteil, wenn der Bürge gut bekannt, gut betucht und hoch angesehen ist. Vielleicht ist Ihr Buddy Elon Musk? Er bürgt für Ihren Schuldschein, und dann werden ihn auch Leute außerhalb Ihrer Familie annehmen. Wenn Sie Ihrem Versprechen nicht nachkommen, ist Elon dran.

Im richtigen Leben sind die Bürgen für gewöhnlich Banken, Zentralbanken und die Finanzministerien der Regierungen. Wenn Uncle Sam hinter Ihrem Schuldschein steht, sind Sie fein heraus. Ob Sie es glauben oder nicht, Uncle Sam bürgt für das Versprechen vieler Menschen, ihre Hypotheken zurückzuzahlen – und das macht ihre Hypotheken für Gläubiger durchaus akzeptabel!

Liquidität bedeutet, dass sich ein Schuldschein rasch und mit geringem Wertverlust gegen Währung (den Schuldschein der Regierung) eintauschen lässt. Die Einlagen auf Ihrem Girokonto sind in hohem Maße liquide – Sie müssen nur zum Geldautomaten gehen, um sie in Bargeld umzuwandeln.

Ein Certificate of Deposit mit einer Laufzeit von 90 Tagen ist weniger liquide – eine vorzeitige Rückzahlung ist mit einer empfindlichen Strafe belegt (also einem Wertverlust).

Und die *Rendite*? Viele monetäre Schuldscheine versprechen, Zinsen zu zahlen – das nennt man *Rendite* (Einnahmen durch den Besitz eines Schuldscheins). Vielleicht verlangt Ihr Gläubiger, dass Sie auf Ihren Schuldschein 10 Prozent Zinsen zahlen – für Ihren Schuldschein über 5 $ müssen Sie 5,50 $ zahlen, um sich von Ihren Schulden zu befreien.

Es ist also doch nicht so einfach, wie es auf den ersten Blick aussah. Ja, jeder kann „Ich schulde dir 5 Dollar" schreiben, aber damit ein solcher Schuldschein akzeptiert wird, braucht man gegebenenfalls einen Bürgen, Zugang zum Geldautomaten, oder muss Zinsen zahlen.

Zwar können viele Schuldscheine auf Geld lauten (d.h. auf Geld ausgestellt werden), jedoch ist es aus vielen Gründen sinnvoll, Schuldscheine am besten nur dann als „Geld" zu bezeichnen, wenn sie auf Geld lauten und gleichzeitig hohe *Akzeptanz* genießen – weil sie übertragbar und liquide sind.

Auf solche Schuldscheine werden im Allgemeinen wenige oder keine Zinsen gezahlt, eben weil sie in hohem Maße liquide sind; weniger liquide Schuldscheine (wie ein Certificate of Deposit über 90 Tage) müssen höhere Zinsen ausschütten. Die Zahlung höherer Zinsen kann eine weniger liquide Anlage akzeptabler machen.

Wenn wir den Begriff derart stark eingrenzen, dann würden wir wahrscheinlich sagen, dass zwar jeder einen Schuldschein auf Geld ausstellen kann, dass jedoch nur wenige *Geld erschaffen* können.

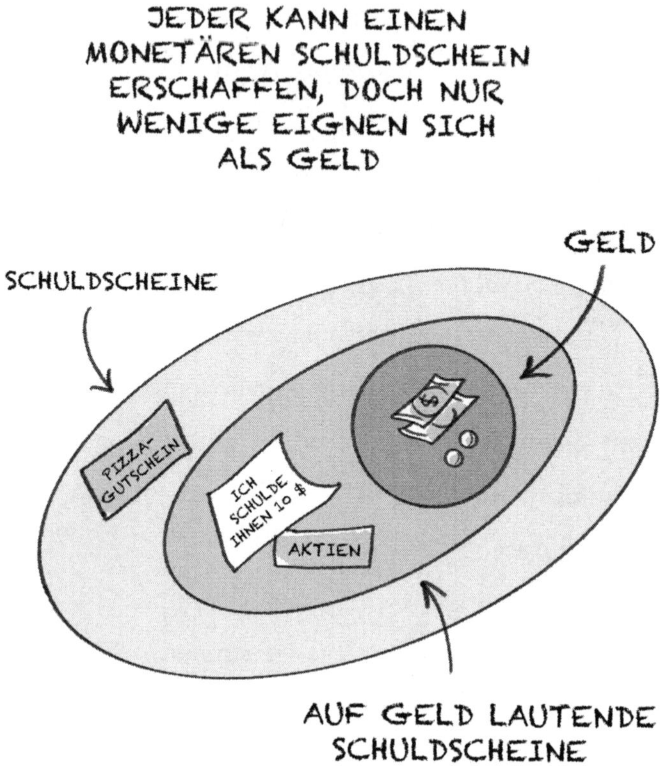

In diesem Fall wäre der Begriff „Geld" nur einer Untergruppe aller auf Geld lautenden Schulden vorbehalten. Vielleicht würden wir ihn auf monetäre Schuldscheine begrenzen, die von der Regierung und von Banken und – ganz vielleicht – von anderen Finanzinstituten wie etwa Geldmarktfonds emittiert wurden.

7

PRIVATBANKGELD

Bis jetzt haben wir Folgendes gelernt:

1. Geld hat viele Formen, ist jedoch immer ein Schuldschein.
2. US-Dollars sind Schuldscheine, die von Uncle Sam ausgestellt wurden und auf Geld lauten; er kann sie schreddern, wenn sie als Steuern zurückgezahlt werden.
3. Auch Sie könnten Ihr eigenes Geld erschaffen, vorausgesetzt, es wird akzeptiert.

Doch hier die schlechte Nachricht: Eigenes Geld mit uneingeschränkter Akzeptanz können Sie nur dann erschaffen, wenn jemand wirklich Vertrauenswürdiges (wie Uncle Sam) für Ihr Geld bürgt und es absichert.

Uncle Sam hat selbstverständlich keine Probleme mit der Akzeptanz seiner Schuldscheine. Und wir brauchen seine

ALLE AKZEPTIEREN
UNCLE SAMS SCHULDSCHEINE!

Schuldscheine, weil wir Steuern an ihn zahlen müssen.

Und er sichert die Geschäftsbanken ab – sie haben Verbindlichkeiten der Federal Deposit Insurance Company (FDIC), die durch das Vertrauen in die Kreditwürdigkeit der Regierung gesichert sind. Das FDIC-Logo an den Türen Ihrer Bank sagt Ihnen, dass Uncle Sam für Ihre Einlagen bürgt.

Das Versprechen der FDIC macht Ihre Einlagen in der Bank vollkommen sicher. Wenn Sie von Ihrem Konto kein Bargeld abheben können, weil Ihre Bank dazu unfähig oder nicht

DIE US-REGIERUNG GARANTIERT JEDER SPARERIN UND JEDEM SPARER MINDESTENS 250.000 $.

gewillt ist, wird es Ihnen die FDCI zahlen. Das war nicht immer so – wie später in Kapitel 8 erklärt wird.

Dadurch werden versicherte Bankeinlagen in hohem Maße akzeptabel. Sie können Schecks ausstellen, die fast überall angenommen werden.

Bankeinlagen sind Verbindlichkeiten der Bank, Schuldscheine an Sie, ihren Gläubiger. Die Bank hat Schulden bei Ihnen! Was schuldet Ihnen die Bank? Das Recht, Bargeld „sehen" zu können, im Austausch gegen einen Abzug auf Ihrer „Sichteinlage" (der technische Begriff für ein Girokonto).

Wahrscheinlich haben Sie gar nicht gewusst, dass Sie der Gläubiger der Bank sind und die Bank Ihr Schuldner ist!

Um es klarzustellen, wenn Sie einen Scheck ausstellen, erschaffen Sie kein Geld – Sie benutzen Bankengeld. Der Empfänger wird Ihren Scheck bei seiner eigenen Bank einzahlen und eine Gutschrift auf seiner Sichteinlage erhalten.

Seine Bank wird Ihrer Bank für das Clearing eine Bestätigung Ihres Schecks vorlegen oder ihn, was wahrscheinlicher ist, zum Clearing an die Zentralbank (die Federal Reserve, oder Fed, in den USA) weiterleiten. (Erklärung im nächsten Kapitel.)

Wie und warum erschaffen Banken ihre auf Geld lautenden Schuldscheine? Meistens, um Darlehen zu vergeben.

Angenommen, Sie träumen davon, eine Bäckerei zu eröffnen. Sie haben in der Innenstadt eine kleine Immobilie geerbt, sie hübsch hergerichtet, ein Schild aufgehängt und sind bereit, mit der Arbeit zu beginnen. Dafür brauchen Sie ein paar Geräte und Zutaten wie Mehl und Hefe.

ALLES, WAS SIE JETZT BRAUCHEN, IST EIN UNTERNEHMENSKREDIT

Sie gehen zu Ihrer Bank vor Ort, die auf Unternehmenskredite (für Kleinunternehmen) spezialisiert ist. Sie haben alle Unterlagen dabei, um den Kreditsachbearbeiter davon zu überzeugen, Ihnen ein Darlehen von 25.000 $ zu bewilligen, damit Sie ins Geschäft einsteigen können. Im Rahmen der Bewilligung prüft der Kreditsachbearbeiter Ihren Geschäftsplan.

Sie überzeugen den Kreditgeber, dass Sie ein gutes Kreditrisiko mit geringem Ausfallrisiko darstellen. Sie unterschreiben den Kreditvertrag und versprechen, dass Sie das Darlehen pünktlich zurückzahlen werden, einschließlich Zinsen. Es wird eine Sichteinlage

SIE LEGEN EINEN GESCHÄFTSPLAN VOR.
DIE BANK PRÜFT, OB SIE KREDITWÜRDIG IST.

auf Ihren Namen eröffnet, und Sie dürfen bis zum vereinbarten Limit über das Geld verfügen. (Wahrscheinlich erhalten Sie einen revolvierenden Kredit, der es Ihnen erlaubt, für die Ausstattung Ihrer Bäckerei Schecks bis zu einer Obergrenze von 25.000 $ auszustellen.)

Woher nahm die Bank das Geld für das Darlehen? Sie erschuf es – als Schuldschein – und schrieb es Ihnen auf Ihrem Einlagenkonto gut.

Denken Sie daran, Ihre Bankeinlage ist der Schuldschein der Bank, und Sie sind der Gläubiger.

Aber Moment mal – wie konnten Sie, ein Kreditnehmer, den Spieß herumdrehen und zum *Gläubiger* der Bank werden?

Nun, sie sind *immer noch* Kreditnehmer und schulden der Bank 25.000 $ plus Zinsen. Doch Sie sind auch Gläubiger: die Bank hat Ihnen versprochen, Ihre Ausgaben bis zu 25.000 $ zu finanzieren, indem sie ihre Schuldscheine Ihrem Einlagenkonto gutschreibt, damit Sie Schecks ausschreiben können.

Die Bank ist ebenfalls sowohl Schuldnerin (durch Ihre Sichteinlagen) als auch Gläubigerin

MANCHE KREDITE GERATEN IN VERZUG; VERLUSTE WERDEN DURCH ZINSEINNAHMEN DER BANK GEDECKT

(durch Ihren Kreditvertrag). Das gleicht sich aus – Sie sind beide gleichzeitig Schuldner und Gläubiger.

Nun, es gleicht sich beinahe aus. Sie verfügen über bis zu 25.000 $ an Darlehen und Ausgaben, werden der Bank jedoch am Ende mehr als 25.000 $ zurückzahlen, da Sie Zinsen zahlen. Die Bank benutzt diese zur Deckung von Geschäftskosten zuzüglich Bruttogewinne und -verluste.

Das grenzt fast an Magie! Woher kommt Geld? Können Banken es einfach aus dem Nichts erschaffen?

SIE BRAUCHEN EINE HYPOTHEK, UM EIN HAUS ZU KAUFEN

Ja, das können sie. Aber denken Sie daran, jeder kann Geld erschaffen – das Problem ist seine Akzeptanz.

Banken sind durch Uncle Sam gesichert. Man kann ihnen vertrauen. Meistens. Sollte die Bank ausfallen, wird Uncle Sam für ihre Schuldschein-Einlagen aufkommen, indem er die Sparerinnen und Sparer mit Uncle Sams Schecks ausbezahlt.

Um die Geschichte von der Erschaffung von Bankengeld zu Ende zu bringen, stellen wir uns nun vor, Sie haben die Anzahlung für ein neues Haus zusammengespart. Sie besuchen den Kreditsachbearbeiter. Sie legen alle nötigen Nachweise über Ihre Einnahmen und Ihre Kredithistorie vor.

Hurra! Ihre Hypothek wird bewilligt: 350.000 $ von der Bank, die von Ihnen angezahlten 50.000 $, und Sie kaufen das Haus für 400.000 $. Sie haben eine Hypothek mit einer Laufzeit von 30 Jahren und einem festen Zinssatz von 4 Prozent. Sie unterzeichnen einen Hypothekenvertrag und versprechen, monatlich zu zahlen.

Die folgenden dreißig Jahre lang zahlen Sie gewissenhaft und freuen sich auf den Tag, an

dem Sie das Haus abbezahlt haben und es ganz Ihnen gehört. Sie bekommen drei Kinder, sehen zu, wie sie erwachsen werden und ausziehen; Sie wechseln mehrmals den Job; und Sie werden älter und nähern sich der Rente.

Endlich ist der große Tag gekommen. Sie leisten die letzte Zahlung. Die Bank gibt Ihnen den Vertrag zurück. Sie laden alle Verwandten und Freunde zu sich nach Hause ein!

Ganz richtig, Sie werfen den Vertrag ins Feuer. Schuldscheine werden immer verbrannt, wenn sie dem Herausgeber zurückgegeben werden.

AB INS FEUER MIT DEM VERTRAG!
HALLELUJA! SCHULDENFREI!
HYPOTHEK

8

DAS GELD DER ZENTRALBANK: KREDITGEBER DER LETZTEN INSTANZ

Wir erwähnten bereits, dass die Zentralbank Schecks zwischen Banken abrechnet. In diesem Kapitel werden wir uns näher damit befassen und uns auch mit einer weiteren Verpflichtung von Zentralbanken beschäftigen: ihre Rolle als Kreditgeber der letzten Instanz. Dabei geht es um die Unterstützung von Privatbanken – um ihre Absicherung.

Seit langem geben Zentralbanken Banknoten aus Papier heraus – ganz ähnlich wie unsere heutigen Scheine von der Federal Reserve. Zusätzlich zur Finanzierung von Staatsausgaben wurden diese Noten auch von Privatbanken für das „Clearing" benutzt.

DIE FED RECHNET SCHECKS
ZWISCHEN BANKEN AB

Sehen wir uns einmal an, wie Noten der Zentralbanken in früheren Zeiten von Privatbanken für das Clearing verwendet wurden. Bis vor einem Jahrhundert gaben viele Privatbanken ebenfalls Noten heraus – privates Papiergeld. Sie gaben Noten heraus, wenn sie einen Kredit vergaben. Die Noten waren ihre Schuldscheine und konnten von den Kreditnehmern für Anschaffungen oder das Abzahlen von Schulden benutzt werden. Die Noten der Privatbanken waren gemeinsam mit denen der Zentralbank sowie mit Staatsanleihen und Münzen in Umlauf.

Die Privatbanken sammelten Zentralbanknoten an, weil sie sie zur Zahlung von Darlehen annahmen. Zudem konnten sie ihre eigenen Noten akzeptabler machen, indem sie versprachen, ihre Noten gegen die der Zentralbank einzutauschen. Und so kam es dazu, dass die Noten der Zentralbank für das „Clearing" zwischen Banken benutzt wurden.

Nehmen wir zum Beispiel die Privatbanken im England des achtzehnten Jahrhunderts und die Beziehung der Privatbanken mit der Bank of England, die Englands Zentralbank wurde. Wie andere Banken damals gab die Bank of England bei der Kreditvergabe Papiernoten heraus (einige dieser Darlehen wurden an den König oder die Königin vergeben, andere Darlehen wurden Unternehmen oder Banken gewährt).

Wenn Sie beispielsweise der Bank of Nottingham eine Kreditzahlung schuldeten, konnten Sie zur Zahlung eine Note der Bank of England benutzen. Sie haben keine Schulden mehr, und für die Bank of Nottingham ist die Note der Bank of England ein Vermögenswert.

Oder wenn Sie die Bank of Nottingham waren und eine von der Bank of Liverpool emittierte

BANK OF ENGLAND;
100 PFUND

Note erhielten, dann konnten Sie diese Bank ersuchen, Sie mit Noten der Bank of England zu bezahlen. Wenn die Bank of Liverpool mit einer Note der Bank of England bezahlt, wird die Bank of Liverpool mit ihrer eigenen Note ausbezahlt – die dann verbrannt wird.

Mit anderen Worten, Noten der Bank of England konnten zur Verrechnung von Schulden zwischen Banken verwendet werden.

Das Problem war, dass einer Bank die Noten der Bank of England für dieses Clearing ausgehen konnten. Wenn sich zum Beispiel die Nachricht verbreitete, dass die Bank of Nottingham nicht mehr viele davon übrighatte, konnte das einen „Run" auf ihre eigenen

Noten zur Folge haben (wobei deren Besitzer versuchten, sie gegen Noten der Bank of England einzutauschen). Wenn Nottingham dann keine Noten der Bank of England mehr übrig hatte, würde sie ihre Tore schließen müssen, weil sie die Noten nicht mehr wie versprochen umtauschen konnte.

Dieser Run konnte auch auf die Noten anderer Banken übergreifen – denn wenn eine Bank zahlungsunfähig wurde, weil ihr die Noten der Bank of England ausgegangen waren, dann konnte das ja auch einer anderen Bank

passieren. Das Versprechen, eigene Noten in die der Bank of England umzutauschen, würde nicht gehalten – das ist ein Zahlungsausfall und zerstört das Vertrauen in die Banken.

Um einem Run Einhalt zu gebieten, konnte die Bank of England ihre eigenen Noten bei Bedarf an Banken verleihen. Da die Bank of England jederzeit neue Noten drucken konnte, gingen sie ihr nie aus. Diese Aktivität wird als „Kreditgeber der letzten Instanz" bezeichnet und wird klassischerweise benutzt, um Bank-Runs zu stoppen.

Bei einer Operation des Kreditgebers der letzten Instanz verleiht die Zentralbank ihre eigenen Noten, damit die Privatbanken die *ihrigen* gegen die der Zentralbank eintauschen können. Das stoppt den Run. Als Darlehensrückzahlungen fließen die Noten der Zentralbank allmählich wieder an die Privatbanken zurück, und die Banken können ihre Darlehen an die Zentralbank zurückzahlen.

Die Aktivität als Kreditgeber der letzten Instanz wurde zur zweiten Funktion der Zentralbank – die erste war die Finanzierung der Regierung (worauf wir im nächsten Kapitel eingehen), und die zweite war, Privatbanken als Kreditgeber der letzten Instanz zu unterstützen.

Im Laufe der Zeit gingen die Banken von der Emittierung von Noten als Schuldscheine zur Emittierung von Einlagen über (so wie sie es heute tun). Sie versprachen, Einlagen *jederzeit* in Zentralbanknoten umzutauschen. Sie benutzten zudem Verbindlichkeiten bei der Zentralbank – deren Noten und Reserven –, um Schecks mit anderen Banken zu verrechnen.

Was sind Reserven? Das sind einfach Girokonten, die Privatbanken bei ihrer Zentralbank führen. Die Zentralbank überweist die benötigten Reserven bequem per Tastendruck auf die Konten der Banken, als später rückzahlbares Darlehen. Heutzutage benutzen Banken zur Verrechnung von Schecks Reserven, keine Noten der Zentralbank.

In den meisten Industrienationen gab es gegen Ende des neunzehnten Jahrhunderts Zentralbanken, die als Kreditgeber der letzten Instanz fungierten, nicht jedoch in den USA! Die Folge war, dass Bank-Runs und schwere Finanzkrisen üblich wurden – es gab keinen Kreditgeber der letzten Instanz.

Im neunzehnten Jahrhundert kam das in den USA etwa einmal pro Generation vor. Nach einer Bankenpanik im Jahr 1907 setzten sich die größten Banken zusammen und verlangten vom Kongress, eine Zentralbank zu schaffen – so entstand 1913 per Gesetz die Federal Reserve Bank.

Die Fed wurde speziell dafür geschaffen, um die Verrechnung zum Nennwert sicherzustellen: Demnach würde ein Scheck über 100 $, der bei einer Bank ausgestellt wurde, von anderen Banken zum Wert von 100 $ angenommen. Und man würde jederzeit Bargeld (Noten der Federal Reserve) von seinem Konto abheben können.

Das hätte die Bank-Runs beenden *sollen*. Tat es aber *nicht*.

Bank-Runs kamen verstärkt während der Großen Depression der 1930er Jahre wieder, unvergesslich festgehalten im James-Stewart-Film *Ist das Leben nicht schön?* Im Film verursacht die Bank eines Konkurrenten einen Run auf die Bailey Brothers Building & Loan Bank, die Stewart gehört.

Er fleht die Sparerinnen und Sparer an, ihre Einlagen bei seiner Bank zu lassen und versichert, „Hier ist das Geld nicht. Es ist in Joes Haus" – womit er sagen will, dass die Einlagen durch die Hypotheken gesichert sind, die er an die Einwohner der Stadt vergeben hat, nicht durch Bargeld im Tresor.

Die Erfahrungen der Depression brachten die Fed dazu, mehr Verantwortung als Kreditgeber der letzten Instanz zu übernehmen. Zusätzlich schufen der Kongress und Präsident Roosevelt die FDIC (Federal Deposit Insurance Corporation), um die Einlagen abzusichern. Die Bank-Runs hatten ein Ende. Wir haben immer noch Finanzkrisen, und gelegentlich werden Banken zahlungsunfähig, doch die Sparerinnen und Sparer müssen sich keine Sorgen mehr um ihre Ersparnisse machen.

Denken Sie an unsere Diskussion der Behauptung „Jeder kann Geld erschaffen, doch das Problem dabei ist seine Akzeptanz". Die Akzeptanz lässt sich erhöhen, wenn eine vertrauenswürdige Instanz für die Schuldscheine bürgt. Wir sprachen auch darüber, dass die FDIC die Einlagen der Banken absichert: Wenn Ihre Bank zahlungsunfähig wird, benutzt Uncle Sam die FDIC, um Ihnen den vollen Wert Ihrer Einlagen auszuzahlen (bis zu einem Limit – aktuell sind das 250.000 $).

Deshalb sind Sie gewillt, „Bankengeld" (Schecks und Einlagen einer Bank) zu akzeptieren.

Trotzdem verläuft der Zahlungsausfall einer Bank ein wenig chaotisch – es dauert eine Weile, bis die FDIC Sie auszahlt. Zudem machen Sie sich nicht nur Sorgen, wann Sie Ihr Geld bekommen. Oftmals möchten Sie Ihr Geld *jetzt sofort* haben! Und zwar in bar – in guten alten George Washingtons (1 $), Hamiltons (10 $) und Benjamins (100 $).

All das sind Schuldscheine der Fed. Ihre Bank kann sie nicht emittieren. Ja, Banken bewahren eine Anzahl davon in ihrem Tresor auf, und sie befüllen die Geldautomaten damit. Aber das bei ihnen lagernde Bargeld ist nur ein winziger

IM VERGLEICH ZUR HÖHE DER SPAREINLAGEN HALTEN BANKEN NUR SEHR WENIG BARGELD BEREIT

Bruchteil der Schuldscheine, die sie als Einlagen ausgestellt haben. Wenn mehr als nur ein paar ihrer Sparer zufällig zur selben Zeit daherkämen, ginge der Bank sehr schnell das Geld aus. So erging es Jimmy Stewart.

Daher ließen sich Zentralbanker und Privatbanker eine Strategie einfallen. Wenn sie Ihnen versprechen, dass Sie *jederzeit* Bargeld erhalten können, dann werden Sie es nicht für nötig erachten, Ihr gesamtes Bargeld abzuheben. Sie vertrauen darauf, dass die Fed Ihnen jederzeit getreu ihrem Versprechen das Bargeld liefern wird, das Ihnen Ihre Bank versprochen hat, also machen Sie nie die Probe, ob das wirklich stimmt. Und wenn Sie nie die Probe machen, dann bricht die Bank auch nie ihr Versprechen, es auf Verlangen auszuzahlen!

So brauchen Banken nur eine geringe Menge an Bargeld bereitzuhalten und werden stets von der Fed mit Nachschub versorgt, die Geldtransporter schickt, um die Geldautomaten nachzufüllen. Zur Weihnachtszeit schickt sie noch zusätzliche Transporter, weil dann die Nachfrage nach Bargeld für Einkäufe stets hoch ist.

Mit der Fed als Kreditgeber der letzten Instanz und mit der FDIC, die Ihnen den Wert Ihrer Einlagen garantiert, schlafen Sie nachts gut. Obwohl Sie (jetzt) wissen, dass Ihre Bank kaum Bargeld vorrätig hat.

Als Willie Sutton, ein bekannter und beharrlicher Bankräuber, gefragt wurde, warum er Banken ausraube, antwortete er angeblich, „Weil dort das Geld liegt".

Nun ja, eigentlich nicht.

9
ZENTRALBANKGELD: STAATSFINANZEN

Zentralbanken wurden ursprünglich geschaffen, um Staatsausgaben zu finanzieren. In ferner Vergangenheit fanden Staatsausgaben direkt statt: Die Schatzämter kerbten einfach Haselnussstöcke ein, prägten Münzen oder druckten Papiergeld. Als erst die Privatbanken und dann die Zentralbanken entstanden, wurden die Dinge etwas komplexer. Heutzutage sind Zentralbanken stark in die Staatsausgaben eingebunden – ebenso wie Privatbanken. Werfen wir doch einen Blick hinter den Vorhang, um zu sehen, wie das heute funktioniert.

Wie wir wissen, gaben Regierungen früher zuerst ihr Geld aus und holten es sich dann als Steuern zurück. Erst die Ausgaben, dann die Steuern. Es war klar, dass die Regierung keine Steuereinnahmen ausgab, denn sie verbrannte sie!

WAS WAR ZUERST DA, AUSGABEN ODER STEUERN?

AUSGABEN!

Die oft gestellte Frage lautet: Brauchen Regierungen Steuergelder, bevor sie Geld ausgeben? Nein, Regierungen müssen ihre Währung ausgeben, bevor sie sie als Steuern einnehmen können.

Doch durch die Entwicklung des Bankwesens und die Schaffung der Zentralbanken entstand eine zweistufige Trennung zwischen der Bevölkerung und der Regierung: Zwischen beiden stehen eine Zentralbank und Privatbanken. Der Prozess lässt sich schwerer nachvollziehen.

Wir müssen uns also darüber im Klaren sein, dass die meisten souveränen Regierungen ihre Währung nicht mehr direkt ausgeben.

Stattdessen macht es die Regierung wie Sie, wenn Sie über eine Bank Zahlungen vornehmen und erhalten: Sie benutzt ihre Bank – die Zentralbank –, um Zahlungen in ihrem Namen zu leisten und anzunehmen.

Wir haben bereits über den Gebrauch von Privatbanken gesprochen: Wenn Sie für ein Gehalt arbeiten, erhalten Sie entweder einen Gehaltsscheck oder eine Direktüberweisung Ihres Gehalts; in beiden Fällen geht auf Ihrem Girokonto bei Ihrer Bank eine Gutschrift eine. Wenn Sie Rechnungen bezahlen (entweder per Scheck oder elektronisch), wird Ihr Konto belastet.

Wenn das US-Finanzministerium Geld ausgibt (entweder durch Ausschreiben eines Schecks oder auf elektronischem Weg), weist es *die Fed* an, eine Zahlung in seinem Namen zu leisten. Die Fed schreibt die Reserven der *Bank* gut, bei der der Empfänger der Ausgaben des Finanzministeriums Kunde ist.

Reserven sind wie ein „Girokonto", das Banken bei der Zentralbank führen.

Wenn also das Finanzministerium Geld ausgibt, dann schreibt die Fed es per

Tastendruck dem Reservekonto der Privatbank gut. Die Privatbank schreibt das Geld dann per Tastendruck dem Girokonto des Empfängers gut.

Heutzutage gehen alle Staatsausgaben wie folgt vor sich: Wenn Sie einen Scheck der Regierung erhalten und ihn bei Ihrer Bank einzahlen, dann erhält Ihr Girokonto eine Gutschrift, und die Reserven Ihrer Bank bei der Fed erhalten eine Gutschrift.

Beachten Sie die zweistufige Trennung: Zwischen Ihnen und dem Finanzministerium stehen die Fed und Ihre Privatbank.

Wenn ein Steuerzahler (angenommen, ein Haushalt) Steuern zahlt (durch Ausstellen eines Schecks oder auf elektronischem Weg), belastet die Bank des Haushalts das Sparkonto des Steuerzahlers, und die Zentralbank belastet die Reserven der Bank, die der Haushalt benutzt.

Heutzutage finden Staatsausgaben und Besteuerung also über Zentralbankreserven (Einlagen bei der Zentralbank) statt, nicht mit Papiergeld und Münzen; diese Reserven sind effektiv moderne „Währung“, die die Regierungen verwenden.

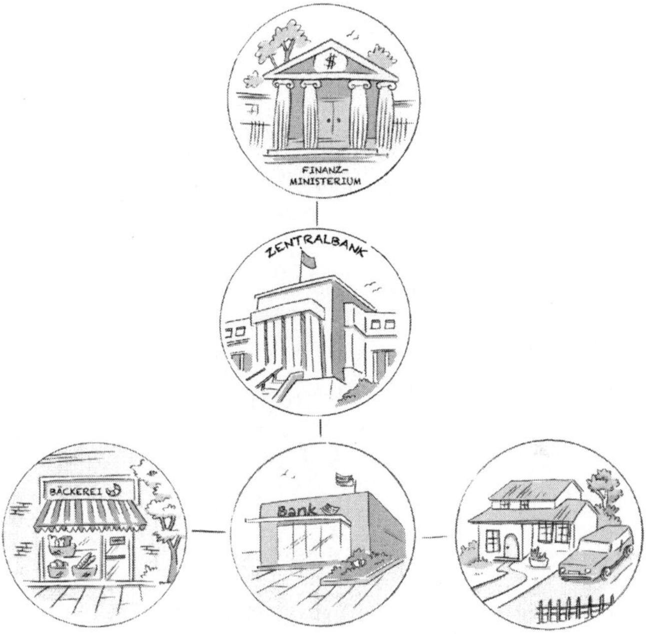

DIE ZENTRALBANK ERHÄLT UND LEISTET ZAHLUNGEN IM NAMEN DES FINANZMINISTERIUMS.

Die Regierungen müssen keine Schubkarren voll Bargeld durch die Gegend schieben, um Zahlungen zu leisten.

Durch Ausgaben gelangen Reserven in das Bankensystem; durch Steuern gelangen sie hinaus. Wenn die Staatsausgaben die Steuereinnahmen übersteigen, nehmen die Reserven im Bankensystem zu. Sie stellen einen Schuldschein der Regierung und ein Guthaben der Privatbanken dar. Im nächsten Kapitel gehen wir etwas näher darauf ein.

Somit stellt sich die Frage: Wie kommt die Fed an Reserven? Einfach durch Tastendruck. Sie können ihr nicht ausgehen.

Auch die Noten können der Federal Reserve nicht ausgehen: Wenn die Banken mehr davon für ihre Geldautomaten benötigen, druckt die Fed sie, liefert sie mit gepanzerten Wagen an die Banken und belastet Bankreserven. Reserven und Papiergeld sind Schuldscheine der Zentralbank, und sie können der Zentralbank

niemals ausgehen. *(Siehe auch die Kästen am Ende dieses Kapitels.)*

Moment mal. Soll das heißen, dass Uncle Sam das Geld niemals ausgehen kann?

Genau das heißt es, wie zuvor erwähnt. Wenn der Kongress und der Präsident einen Haushaltsplan genehmigen, kann das Finanzministerium die Fed anweisen, Reserven-Kaninchen aus ihrem Zylinder hervorzuzaubern, um die genehmigten Ausgaben zu finanzieren.

Denken Sie an die zwei ehemaligen Präsidenten der Fed – Greenspan und Bernanke –, die bestätigten, dass Uncle Sam die Tastenschläge nie ausgehen können.

Die Federal Reserve Bank of St Louis äußerte sich ebenfalls dazu: die US-Regierung kann ihre Rechnungen jederzeit bezahlen.

Und doch hören wir die ganze Zeit, dass der Regierung entweder das Geld ausgegangen *ist* oder dass es ihr bald ausgehen *wird*. Es wird oft behauptet, die Regierung sei genau wie ein Haushalt. Und dass sie genau wie ein Haushalt bankrott geht, wenn sie ständig mehr Geld ausgibt als sie einnimmt.

Das kann nicht stimmen.

„ALS EINZIGER HERSTELLER VON DOLLARS, DESSEN SCHULD AUF DOLLARS LAUTET, KANN DIE US-REGIERUNG NIEMALS INSOLVENT WERDEN."

Wenn die Regierung mehr Geld ausgibt, als sie aus Steuerzahlungen einnimmt, dann nennt man das ein Defizit. Die Regierung emittiert mehr Schuldscheine als sie „verbrennt", wenn sie Steuern einnimmt.

Der Fed von St Louis zufolge können Defizite nicht zu Zahlungsunfähigkeit führen. Die Fed hat recht. Doch die meisten Menschen verstehen das nicht, weil sie der falschen Analogie Glauben schenken, wonach die Regierung „genau wie ein Haushalt" wirtschaftet.

DER GLAUBE, DIE REGIERUNG MÜSSE IHRE FINANZEN WIE EIN PRIVATHAUSHALT IM GLEICHGEWICHT HALTEN, IST EIN GEFÄHRLICHER MYTHOS.

Wir wollen uns vom Mythos abwenden und der Wahrheit nachgehen. Ihnen kann das Geld ausgehen. Einer Firma kann das Geld ausgehen. Einer Stadt – selbst New York City! – kann das Geld ausgehen. Doch nicht Uncle Sam.

Im nächsten Kapitel werden wir uns eingehender mit Staatsdefiziten und Schulden befassen.

Wie gelangt „Bargeld" (Papierscheine und Münzen) heutzutage in die Wirtschaft? Meist durch Geldautomaten oder Bankangestellte. Vergessen Sie nicht, dass Sichteinlagen „auf Verlangen" gegen Bargeld kündbar sind – die Bank verspricht einen Eintausch auf Verlangen. Und die Zentralbank verspricht, dass Banken ihre Reserven jederzeit „auf Verlangen" gegen Bargeld eintauschen können. Wenn eine Bank also wenig Bargeld zur Verfügung hat, ordnet sie einfach eine Lieferung per Geldtransporter an, und die Zentralbank belastet die Reserven der Bank.

Eine wenig bekannte Tatsache ist, dass Münzen technisch gesehen vom Finanzministerium emittiert werden und dessen Schulden darstellen. Man kann seine Steuern zahlen, indem man eine Schubkarre voll Pennys zum Finanzamt schafft. Dadurch würden die „Mittelsmänner" – die Fed und Ihre Privatbank – ausgeschaltet. Es wäre jedoch für Sie und das Finanzamt mit viel Mühe verbunden. Das Finanzministerium dagegen liefert nie Pennys, wenn es Ausgaben leistet. Früher emittierte es sein eigenes Papiergeld – Schatzwechsel – und konnte so die Fed außen vor lassen, indem es Papiergeld druckte. Doch das ist seit Jahrzehnten vorbei. Heutzutage leistet es Ausgaben nur durch seinen „Mittelsmann", die Fed.

10

STAATSSCHULDEN SIND UNSER VERMÖGEN

Im vorigen Kapitel haben wir gelernt, dass wir von einem Defizit sprechen, wenn die Regierung in einem Jahr mehr ausgibt als sie durch Steuern einnimmt. Wir haben auch gesehen, dass die Fed sagt, dass Defizite nicht zu Bankrott führen können. Uncle Sam kann alle Zahlungen stets fristgerecht leisten.

Zudem bringt die Bundesregierung Geld in die Wirtschaft, wenn sie mehr ausgibt als sie an Steuern einnimmt. Die Bankreserven nehmen zu, und so auch unsere Girokonten. Denken Sie daran: durch Defizite kommt Geld in die Wirtschaft. Steuern entziehen es ihr. Einnahmen werden verbrannt.

Wie wir besprochen haben, leistet die Fed alle Zahlungen für das US-Finanzamt. Wenn das Finanzamt einen Scheck über eintausend Dollar ausstellt – angenommen, sie überweist eine Rentenzahlung –, dann werden dem Girokonto der Rentnerin 1.000 $ gutgeschrieben; die Bank schickt diesen Scheck zur Zahlung weiter an die Fed. Die Fed schreibt den Reserven der Bank 1.000 $ gut.

Normalerweise gibt das Finanzamt dann eine US- Staatsanleihe heraus und verkauft sie mit dem Versprechen, Zinsen zu zahlen. Banken verdienen im Allgemeinen lieber höhere Zinsen mit Staatsanleihen als ihnen ihre Reservekonten bei der Fed einbringen. Wenn Banken Staatsanleihen kaufen, belastet die Fed ihre Reserven – Banken benutzen ihre Reserven, um Staatsanleihen zu kaufen.

Die Banken kaufen die Staatsanleihen gerne – sie sind wie ein Sparkonto, das mehr Zinsen einbringt als die Bank auf ihre Reserven erhält. Der Kauf einer US-Staatsanleihe ist für eine Bank so, als würde sie Geld von einem Girokonto bei der Fed (Reserven) auf ein Sparkonto beim Finanzministerium (Staatsanleihen) überweisen, um mehr Zinsen zu verdienen.

Was also ist eine US- Staatsanleihe? Das ist ein Schuldschein der US-Regierung, der auf

Dollars lautet und verspricht, Zinsen zu zahlen. Sie können auch welche kaufen! (Mehr dazu auf treasurydirect.gov).

Üblicherweise verkauft das Finanzamt im Laufe des Jahres Staatsanleihen, deren Wert in etwa gleich dem Betrag ist, um den die Gesamtausgaben die gesamten Steuereinnahmen übersteigen – das heißt, gleich dem Jahresdefizit. Angenommen also, im Jahr 2022 würden die Ausgaben die Steuereinnahmen um 1 Billion Dollar übersteigen, dann würde das US-Finanzamt Staatsanleihen im Wert von insgesamt 1 Billion Dollar herausgeben und verkaufen.

Seit der Gründung unserer Nation hat das Finanzministerium fast jedes Jahr ein Defizit verbucht und hat deshalb fast jedes Jahr Staatsanleihen verkauft. Das bedeutet, dass die Menge an Staatsanleihen jedes Jahr zunimmt. Das wird oft als „Schulden" der Regierung bezeichnet. Technisch gesehen ist es nur ein Teil der Gesamtschuld, weil Bargeld und Reservedepots bei der Fed hierbei nicht eingeschlossen sind – und auch das sind Schuldscheine der Regierung.

Wenn Sie jedoch hören, dass die Staatsschulden (im Jahr 2022) bei 30 Billionen Dollar liegen, dann bezieht sich das lediglich auf den Gesamtbetrag der Staatsanleihen, die seit der Gründung der Nation herausgegeben worden sind.

Diese Schuld ist ein Schuldschein der Regierung, stellt jedoch für den Besitzer der Staatsanleihe einen Vermögenswert dar. Das bedeutet, dass die Regierung bei uns Schulden hat! Vergessen Sie das nicht.

Nachdem die US-Regierung jahrzehntelang jedes Jahr Defizite verbucht hatte, wies sie Ende der 90er Jahre endlich einen Überschuss

WENN STEUERN FÄLLIG WERDEN,
LIEFERN SIE DAS GELD DER REGIERUNG.

auf. Das bedeutet, dass die Regierung mehr Steuerzahlungen aus der Wirtschaft gezogen hatte, als ihre Gesamtausgaben in jenem Jahr betrugen.

Die Regierung bezahlte ihre Schulden ab! Halleluja! Erlösung!?!

Denken Sie daran: die Menschen zahlten ihre Steuern, damit die Regierung ihre Schuldscheine verbrennen konnte.

Das hätte ein Grund zur Sorge sein sollen: Die Regierung verbrannte mehr Währung, als sie in die Wirtschaft brachte!

Oder, andersherum gesehen: Amerikanerinnen und Amerikaner gaben mehr für Steuern aus, als sie durch Staatsausgaben erhielten. Uncle Sam entzog der Wirtschaft unser Einkommen!

Trotzdem wurde die Nachricht überall von Mediengurus gefeiert. Präsident Clinton erschien im Fernsehen und kündigte an, er plane, die nächsten fünfzehn Jahre so weiterzumachen! Der Wirtschaft die Währung zu entziehen und zu verbrennen!

Präsident Clinton versprach, die gesamten Schulden der Bundesregierung abzubezahlen!

Uncle Sam würde nicht nur die Währung verbrennen, er würde auch die sichersten Vermögenswerte der Welt verbrennen – US-Staatsanleihen.

Lassen Sie das einmal auf sich wirken.

Es hätte ein Volkstrauertag sein sollen. Wenn es nach Clintons Plan ging, würden die Amerikanerinnen und Amerikaner verarmen, damit die Regierung alle Schulden loswürde und immer mehr Überschüsse verbuchte, die uns mehr Steuern abnahmen als die Regierung ausgab – und das jahrelang.

Die Regierung hätte keine Schulden mehr bei uns; stattdessen stünden wir bei der Regierung in der Schuld! Uncle Sam würde *uns* in Armut stürzen.

Clinton sah das natürlich nicht so. Er dachte, die Staatsschulden seien eine *Last* für das amerikanische Volk. Die Regierung ist genau wie ein Haushalt. Schulden müssen zurückgezahlt werden. Sonst landet der arme Uncle Sam im Schuldgefängnis. Dann müssen die Steuerzahlerinnen und Steuerzahler Uncle Sams Rechnungen zahlen, um ihn wieder freizubekommen.

Solche Gruselgeschichten erzählen Ökonominnen und Ökonomen am Lagerfeuer.

Was sie vergessen, zu erzählen, ist, dass ein Schuldschein der Regierung per Definition bedeutet, dass die Regierung Schulden bei uns hat. Er hält das Gleichgewicht.

Genau. Das Defizit der Regierung ist unser Überschuss. Wenn die Ausgaben der Regierung ihr „Einkommen“ (Steuereinnahmen) übersteigen, dann geben wir weniger aus als wir einnehmen (wir „sparen“).

Uncle Sams 30 Billionen Dollar Schulden (Anfang 2022) sind sein Beitrag zu unserem finanziellen Reichtum und Wohlergehen. Danke, Uncle Sam!

Die Schulden des US-Finanzministeriums sind sicher. Es besteht kein Ausfallsrisiko. Und Uncle Sam zahlt sogar Zinsen! Noch einmal danke, Uncle Sam!

Uncle Sams Haushaltsplan hat überhaupt nichts mit dem eines Haushalts gemeinsam. Er ist der Emittent des Dollars. Das Geld kann ihm nicht ausgehen. Sie sind der Benutzer seiner Währung. Ihnen kann das Geld ausgehen. Sie müssen dafür arbeiten gehen oder es sich leihen. Sie können es nicht herstellen. Das ist ein Unterschied.

Und anders als Sie muss Uncle Sam es nie zurückzahlen (und wird das auch nie tun!). Er zahlt Zinsen auf seine Staatsanleihen, und wenn sie „fällig werden" (nach drei Monaten, einem Jahr, zehn Jahren oder dreißig Jahren), ersetzt er sie einfach durch die Herausgabe neuer Staatsanleihen. Wenn Ihnen Bargeld lieber ist, dann hat er auch das zu bieten! Und zusätzlich eine lange Schlange an potenziellen Käufern von Staatsanleihen, die die sicherste Anlage der Welt besitzen möchten.

Die meisten Ökonominnen und Ökonomen verstehen dies – wir haben bereits einige zitiert, die versichern, dass Uncle Sam alle fälligen Rechnungen jederzeit bezahlen kann. Warum also wollen sie uns mit ihren Schauergeschichten von Insolvenz und Bankrott und Hyperinflation Angst einjagen?

Der berühmte Ökonom Paul Samuelson ließ einmal die Katze aus dem Sack.

Er verglich den Mythos von der Regierung, die ihren Haushalt ausgleichen muss, mit einer „altertümlichen Religion", die darauf abzielte, „den Menschen mit Mythen Furcht einzuflößen, damit sie sich so verhielten, dass die althergebrachte Lebensweise erhalten blieb".

Damit meinte er, dass Ökonominnen und Ökonomen den gewählten Volksvertretern mit einem Schuldenmonster Angst machen, damit sie in ihrem Sinne handeln, also für niedrige Ausgaben und hohe Steuern sorgen. Er befürchtete, sie würden das Geld aus dem Fenster werfen, wenn sie die Wahrheit erführen.

So gesehen sind Ökonominnen und Ökonomen die Hohepriester der Religion, die die Wahrheit zwar kennen, sie Ihnen jedoch vorenthalten.

Deshalb erfinden sie Märchen (Regierungen können zahlungsunfähig werden), falsche Analogien (die Regierung ist wie ein Haushalt), erzählen Gruselgeschichten (den USA könnte es genau wie Simbabwe oder Venezuela gehen, deren Wirtschaft durch schwindelerregende Inflation zerstört wurde) und unterstützen

sinnlose Politik (Clintons Plan, fünfzehn Jahre lang Überschüsse zu verbuchen).

Die Ökonomin Stephanie Kelton schuf ein System nach dem Volieren-Prinzip, bei dem sie die Einstellung zum Staatshaushalt in drei Kategorien einteilte: die Falken, die Tauben und die Eulen.

DEFIZIT-EULEN ERKENNEN, DASS DIE ROTEN ZAHLEN DER REGIERUNG (DEFIZIT) UNSERE SCHWARZEN ZAHLEN SIND (ERSPARNISSE).

Defizit-Falken sind der Meinung, dass die Regierung ihren Haushalt stets im Gleichgewicht halten müsse, um eine mögliche Zahlungsunfähigkeit der Regierung zu vermeiden.

Defizit-Tauben sind bereit, in Rezessionen zeitweilige Staatsdefizite zu akzeptieren – wenn die Haushalte und Unternehmen ihre Ausgaben reduziert haben. Staatsausgaben können die

Wirtschaft „ankurbeln“, indem sie verlorene Ausgaben durch ihre eigenen ersetzt und dic Nation auf einen Wachstumspfad zurückbringt.

Wenn sich die Wirtschaft wieder erholt, muss die Regierung jedoch den Sparstift ansetzen (die Ausgaben senken oder die Steuern anheben), um eine Inflation zu vermeiden. Die Schulden der Regierung dürfen nicht über einen längeren Zeitraum anwachsen.

Defizit-Eulen sind die klügsten Vögel. Sie wissen, dass Uncle Sam das Geld niemals ausgehen kann.

Sie wissen, dass „Bezahlbarkeit“ nie das Problem ist: Uncle Sam kann die Gutschriften jederzeit per Tastendruck entstehen lassen.

Sie wissen, dass Staatsdefizite es uns ermöglichen, zu sparen und finanziellen Reichtum anzusammeln.

Doch sie stimmen zu, dass zu hohe Ausgaben inflationär wirken können.

Für eine Eule werden Staatsausgaben potenziell durch Inflation, nicht durch Finanzen beschränkt.

Wie es der Abgeordnete Yarmuth ausdrückte: Wenn es darum geht, ein Regierungsprogramm zu finanzieren, ist die Frage nicht, ob wir es uns *leisten* können, sondern woher wir die *Ressourcen* nehmen sollen.

Wenn wir die Ressourcen auftreiben können, können wir es uns jederzeit leisten.

DIE VOLIERE: FALKEN, TAUBEN UND EULEN

11

GELD IST WIE PUNKTE ANSCHREIBEN

Bisher haben wir gesehen, dass Regierungen Geld erschaffen können, indem sie Währung herausgeben und ausgeben. Zentralbanken können Reservegeld erschaffen, indem sie es an Privatbanken verleihen und es deren Reserve-Konten gutschreiben. Und Privatbanken können durch die Vergabe von Darlehen Bankengeld – Sichteinlagen – erschaffen.

Wenn man das zum ersten Mal hört, klingt es entweder verstiegen oder betrügerisch. Sie erschaffen Geld, indem sie es einfach aus dem Ärmel schütteln? Es kann ihnen nie ausgehen? Ja, in der Tat.

Stellen wir uns Geld in etwa so vor wie das Anschreiben des Punktestands beim Sport.

Stellen Sie sich eine Anzeigetafel beim Baseball vor. Es steht 21:14 im sechsten Inning.

Die Heimmannschaft erzielt wieder einen Punkt. Woher nimmt der Scorekeeper (Anschreiber) den Run, den er der Heimmannschaft gutschreiben wird? Muss er ihn den Zuschauern wegnehmen?

Nein, er schüttelt ihn aus dem Ärmel. Früher suchte der Scorekeeper eine Karte mit einer Fünf heraus und tauschte sie gegen die Vier aus, um den Spielstand der Heimmannschaft auf 15 zu erhöhen. Wären keine Fünfen mehr übrig, dann hätte der Scorekeeper eine Fünf auf eine weiße Karte geschrieben.

Heutzutage läuft alles elektronisch ab. Ein Tastendruck reicht, um aus der 14 eine 15 zu machen. Einfach so.

Den Scorekeepern können die Runs nicht ausgehen. Die Innings können uns ausgehen. Die Zeit kann uns ausgehen. Die Punkte können uns nicht ausgehen.

Beachten Sie den Gebrauch des Begriffs „score“. Wie wir zuvor gesehen haben, leitet sich der englische Begriff für den Spielstand von den Markierungen auf einem Kerbholz ab. Konnten einem Schatzmeister des Königs im 17. Jahrhundert die „Kerben“ ausgehen? Natürlich nicht. Er brauchte nur ein Messer und einen Stock.

In dem Spiel, das wir „die Wirtschaft“ nennen, sind die Banken unsere Scorekeeper – sie führen Buch über unser Soll und Haben. Heutzutage findet Buchführung elektronisch statt.

In früheren Zeiten nahm man sein Sparbuch zur Bank mit, wenn man Geld einzahlte, und die Bankangestellte machte einen Eintrag und setzte ihr Kürzel dahinter. Heutzutage loggt man sich online ein, um die Zu- und Abnahme seines Bankkontos zu verfolgen: Gehälter werden gutgeschrieben, alle geleisteten Zahlungen werden abgebucht, und die Bank führt Buch.

Mit etwas Glück „gewinnen“ Sie – Ihr Punktestand geht in die Höhe.

Vielleicht führen Sie daheim ebenfalls Buch, indem Sie Ihr Soll und Haben in einer Tabelle festhalten. Wenn Sie besonders gut organisiert sind, erstellen Sie vielleicht sogar einen Haushaltsplan über die zu erwartenden Einnahmen und Ausgaben.

All dies lautet auf die „Rechnungseinheit“ – Dollar in den USA, Pfund Sterling im Vereinigten Königreich und Yen in Japan.

Vieles, beinahe alles, wird in Geld gemessen.

Gitarren, Autos, Schmuck, Puppen. Alles hat

WIE VIEL KOSTET DIE GITARRE?

500 DOLLAR, NICHT 500 SONGS

seinen Preis, und zwar in der Rechnungseinheit – Dollars, Pfund, Yen, Yuan, Pesos.

Wenn Sie zum Supermarkt gehen, sehen Sie die Preise dort ebenfalls in der Rechnungseinheit angeschrieben – so viele Dollar für eine Flasche Speiseöl, so viele Cent für eine Paprika. Was soll man kaufen? So viele Entscheidungen!

Sie kaufen ein; das Geschäft verkauft – beides lautet auf Dollar. Die Registrierkasse zählt zusammen, wie viel Sie schulden. Ihr Konto wird belastet, das Konto des Geschäfts erhält eine Gutschrift – vom Banker, der der Scorekeeper ist.

GELD ENTSTAND ALS RECHNUNGSEINHEIT ZUR MESSUNG VON GELDSCHULDEN

Soll und Haben bewegen die Welt. Wir können uns einen Kreislauf aus Abbuchungen und Gutschriften, Einkommen und Ausgaben vorstellen. Die Zentralbanken führen Buch über die Gutschriften und Abbuchungen von Haushalten und Unternehmen.

Alles dreht sich um die Buchführung und das Begleichen von Rechnungen.

Heutzutage geschieht dies hauptsächlich durch Tastenanschläge.

Und die können den Scorekeepern nicht ausgehen!

ZENTRALBANK
HANDELSBANK
Bank
GELD ÖLT DIE RÄDER DER WIRTSCHAFT
BÄCKEREI

12

AUFSTIEG DER „WINNERS-TAKE-ALL"-WIRTSCHAFT

Das meiste, was wir in diesem Buch über Staatsausgaben gelernt haben, wurde Ökonomen und Politikern unmittelbar nach dem Zweiten Weltkrieg klar.

Schließlich war die Bundesregierung enorm gewachsen – in den 1930ern mit Roosevelts New Deal zur Bekämpfung der Verwüstung durch die Große Depression, und in den 1940ern bei der Bekämpfung der Faschisten.

Im Zweiten Weltkrieg benötigte Uncle Sam etwa die Hälfte der nationalen Produktion, um den Krieg zu bestreiten. Die Defizite waren hoch, und die Regierung gab viele Schuldscheine heraus. Allgemein herrschte jedoch das Bewusstsein, dass der Regierung das Geld nicht ausgehen konnte. Und dass Uncle Sam seine Schulden begleichen würde.

Nach Kriegsende war es an der Zeit, die Nutzung der Ressourcen durch die Regierung einzuschränken, damit sie Haushalten und Unternehmen wieder vermehrt zur Verfügung standen. Allmählich wurde die Wirtschaft wieder auf die Produktion von Gütern für den Haushaltskonsum umgestellt, wie zuvor in Friedenszeiten.

Und doch blieb Uncle Sams Anteil bei etwa einem Viertel der nationalen Produktion – achtmal mehr als 1929 –, und auch Staats- und Lokalverwaltungen benötigten ihren Anteil.

Warum? Nun, ein wichtiger Grund waren die Babyboomer: sie brauchten Windeln

PLATZ DA FÜR DEN BABYBOOMER!

und Schulen. Ihre Eltern brauchten Häuser, Autobahnen, Brücken und Einkaufszentren. Dann war da noch der Kalte Krieg, und später der Vietnamkrieg. Und der Wettlauf ins All – NASA gegen Sputnik. Und zusätzlich führten die Präsidenten Kennedy und Johnson einen „Kampf gegen die Armut".

Die US-Wirtschaft boomte! Obwohl die Regierung einen großen Anteil behielt, stieg der Lebensstandard beträchtlich – es blieb mehr als genug für die Haushalte übrig: Autos, Elektrogeräte, und Spielzeug für die Kinder.

In den 1970ern ging das Wachstum jedoch allmählich zurück, und die Inflation – das heißt, steigende Preise – nahm zu. So entstand ein seltsames, neues Phänomen: ein gleichzeitiger Anstieg von Arbeitslosigkeit und Inflation, Stagflation genannt.

Ein massives Umdenken fand statt. War die Regierung vielleicht zu groß? Waren die Steuern vielleicht zu hoch? Sollte der Staat vielleicht weniger tun? War vielleicht der Staat selbst das Problem?

In den 1980ern begann unter Präsident Reagan eine neue Ära. Die Lösung für die

Stagflation bestand darin, die Steuern zu senken – besonders für die Reichen. Und die Staatsausgaben zu kürzen – besonders die für die Armen. Und Bestimmungen zur Förderung des Privatsektors zu streichen. Eine Begrenzung der Rolle des Staates in der Wirtschaft würde den Wohlstand wiederherstellen, versprach er.

Man nannte dies die angebotsorientierte Wirtschaft, und sie wurde von einer kleinen Gruppe von Ökonominnen und Ökonomen freudig begrüßt. Sie schlugen vor, die Ausgaben für Sozialhilfe zu kürzen, um mehr Arbeitsanreize zu schaffen. Und sie versprachen, den Staatshaushalt auszugleichen, indem sie den Steuersatz *senkten* – besonders für die Reichen.

Das Ergebnis widersprach dem gesunden Menschenverstand und wurde als Laffer-Kurve bezeichnet: Durch niedrigere Steuersätze entstünden so viele neue Stellen und Gewinnchancen, dass die Wirtschaft florieren und dadurch die Steuereinnahmen so rapide zunehmen würden, dass das Haushaltsdefizit beseitigt würde.

Die Laffer-Kurve entpuppte sich jedoch als Lacher: Das Defizit stieg! Ach was, egal, sagten sie. Defizite sind doch gar nicht so schlimm.

Worauf es wirklich ankam, sagten sie, war, den Staat zu verschlanken.

In den folgenden vierzig Jahren herrschte sowohl in Washington als auch bei vielen Ökonominnen und Ökonomen die Ansicht vor, ein schlankerer Staat sei besser. Sie vertraten die Meinung, dass die Wirtschaft weniger vom Staat gelenkt werden sollte. Stattdessen könnten wir uns auf eine „unsichtbare Hand" verlassen.

Dies war freilich nichts völlig Neues – bereits 1776 hatte der „Vater" der Ökonomie, Adam Smith, davon gesprochen. Die Idee dabei ist, dass uns die unsichtbare Hand des Marktes den Weg zu den richtigen Entscheidungen zeigen soll.

Beim Einkaufen wählen Sie sorgfältig die Produkte mit dem besten Preis-Leistungs-Verhältnis aus. Als Arbeitgeber stellen Sie genau die richtige Anzahl von Arbeitnehmern ein und bezahlen sie jeweils gemäß ihrem Beitrag zur Produktion.

Bei der Entscheidung für ein Studium wählen Sie die Disziplin, die Ihnen im Verlauf Ihres

Lebens das bestmögliche Einkommen sichern wird. Und Sie entscheiden, welchen Anteil Ihres Einkommens Sie ausgeben, und wie viel Sie für den späteren Verbrauch zurücklegen.

Der Markt unterstützt Sie bei Ihren Entscheidungen, indem er Ihnen hilfsbereit Signale schickt. Welche Signale? Preise! Löhne! Zinsen!

Gesetzliche Bestimmungen sollen durch Wettbewerb ersetzt werden. Marktwettbewerb hält die Preise niedrig und zwingt die Unternehmen, die Bedürfnisse der Verbraucherinnen und Verbraucher zu befriedigen und die Qualität und Zuverlässigkeit ihrer Produkte zu gewährleisten. Arbeitgeberinnen und Arbeitgeber wetteifern miteinander, indem sie hohe Löhne, gute Nebenleistungen und angenehme Arbeitsbedingungen bieten.

Präsident Reagan glaubte, es käme der Wirtschaft als Ganzes zugute, wenn wir in unserem Eigeninteresse handeln.

EIN HARTER WETTBEWERB SORGT FÜR HOHE QUALITÄT UND NIEDRIGE PREISE!

Margaret Thatcher, die damalige britische Premierministerin, verfolgte mit dem TINA-Prinzip (There Is No Alternative) einen ähnlichen Ansatz und postulierte, es gebe keine Alternative zu freien Märkten.

Tatsächlich leugnete sie die Existenz einer „Gesellschaft“ – es gebe nur Individuen, und die Pflicht eines jeden Individuums sei es, sich um sich selbst zu kümmern. Sie sollten keinen Schutz von der Regierung erwarten.

Durch das Wegfallen des Schutzes durch die Regierung würden die Armen nicht mehr verhätschelt und erhielten so den richtigen Anreiz, Verantwortung für sich selbst zu übernehmen. Sie bekämen Arbeitsanreize.

Später sprach Präsident George Bush (der Zweite) von der Schaffung der „ownership society“ – einer Gesellschaft, die die wahren Eigentümer belohnt. Wie Präsident Reagan vor ihm kürzte er die Steuern für die Reichen, um sie noch besser zu belohnen.

Dann folgte Präsident Clinton und setzte der Sozialhilfe „so wie man sie kennt“ – wie er sie bezeichnete – ein Ende. Stattdessen führte er zeitlich begrenzte Beihilfen und Arbeitspflicht ein – Workfare statt Wohlfahrt.

Zudem winkte er eine nahezu komplette Deregulierung des risikoreichsten Teils des Finanzsystems durch – das sogenannte Schattenbankenwesen. Und wie wir zuvor gesehen haben, versprach er, Defizite abzuschaffen und die gesamte Staatsverschuldung zu tilgen.

Diese Maßnahmen trugen ungewollt zur schlimmsten Wirtschaftskrise in den USA seit den 1930er Jahren bei, als die Wirtschaft zuerst aufgrund der Dotcom-Blase der späten 1990er und dann in der globalen Finanzkrise Ende der 2000er Jahre abstürzte.

Die Rettung des Finanzsystems unter der Aufsicht von Präsident Obama erforderte ein Rettungspaket von 29 Billionen Dollar, das hauptsächlich von der Fed bereitgestellt wurde. Zusätzlich bewilligte der Kongress etwa 800 Milliarden Dollar für Unternehmen und Haushalte, die den Rest der Wirtschaft ausmachen.

Wie zuvor besprochen, wollte Präsident Obama mehr ausgeben, befürchtete jedoch, dass ihm das Geld ausgehen könnte.

Es dauerte ein gutes Jahrzehnt, bis sich die Wirtschaft erholte. Auf Präsident Obama folgte Präsident Trump mit seinem Wahlspruch, „Make America Great Again".

Er beschenkte die Reichen mit einer weiteren Steuersenkung und versprach, dass Amerika so seine Größe wiedererlangen würde. Diese weitere Steuersenkung reihte sich ein in eine lange Folge von Steuersenkungen, die von Reagan über Bush bis hin zu Trump führt.

Das passte zu der Auffassung, dass der Staat schlanker werden müsse.

Jedoch war das Konzept des schlanken Staates mit schuld daran, dass die Nation nur mangelhaft auf Katastrophen vorbereitet war: auf die Hurrikane Katrina, Sandy und Ida (in New Orleans, 2005; im Osten der USA, 2012; an der Golfküste, 2021), auf Waldbrände (das Camp Fire in Kalifornien, 2018), auf mit Blei verseuchtes Trinkwasser (in Flint, Michigan, bis heute) und auf einstürzende Brücken (seit dem Jahr 2000 sind mindestens dreiundzwanzig eingestürzt).

Und dann fielen wir in die Covid-Rezession – als die Pandemie wütete, verloren Millionen Menschen ihre Jobs.

Seltsamerweise haben die beiden letzten Rezessionen – die globale Finanzkrise von 2008 und die Pandemie-Krise von 2020 – den

Anteil derjenigen am obersten Ende der Einkommensverteilung de facto vergrößert.

Tatsächlich ging es ihnen nie so gut wie jetzt. Ihr Einkommen und ihr Vermögen scheinen sowohl in guten wie auch in schlechten Zeiten zuzunehmen.

Wie man es auch dreht und wendet, sie sind immer die Sieger.

Kurz gesagt profitieren am Ende wohl die Reichsten davon, wenn man uns „den Staat vom

Hals schafft“. In den letzten vierzig Jahren hat eine enorme Verlagerung von Einkommen und Wohlstand nach oben stattgefunden. Am unteren Ende ist das Einkommen stagniert, und in der amerikanischen Mittelschicht ist es nur langsam gewachsen.

Im reichsten Land der Erde gibt es immer noch etwa 31 Millionen Amerikanerinnen und Amerikaner ohne Krankenversicherung und 35 Millionen ohne gesicherte Nahrungsmittelversorgung, die manchmal nicht wissen, woher die nächste Mahlzeit kommen wird.

Die Covid-Pandemie hat uns vor Augen geführt, wie sehr die Ungleichheit seit der Reagan-Ära zugenommen hat. Sie hat auch Schwächen in unserem sozialen Sicherheitsnetz aufgedeckt, unter anderem bei unserer Gesundheitsversorgung, der Bereitstellung von Kindertagesstätten für die Kinder berufstätiger Eltern, unserer Arbeitslosenunterstützung und bei der Versorgung einkommensschwacher Familien mit Sozialwohnungen.

Glücklicherweise reagierten sowohl Präsident Trump als auch sein Nachfolger Präsident Biden unverzüglich mit enormen Nothilfe-Zahlungen und versandten unter anderem Schecks im Gesamtwert von Billionen Dollars an Haushalte und Unternehmen.

Es schien als habe eine politische Wende stattgefunden, bei der die Regierung wieder stärker vertreten war und sich mehr auf Amerikas Normalbürger besann.

Gibt es etwa doch eine Alternative, Frau Thatchers TINA-Behauptung zum Trotz? Präsident Biden verkündete einen „Build Back Better"-Plan für einen verbesserten Wiederaufbau, der in vieler Hinsicht darauf hinzuweisen schien, dass die Regierung stärker in Aktion treten würde, ganz ähnlich wie zu Beginn der Nachkriegszeit.

Kann sich Uncle Sam möglicherweise Maßnahmen zur Bewältigung unserer vielen Schwierigkeiten leisten?

Das werden wir im letzten Kapitel erfahren.

13

DER WEG NACH VORN: WIR KÜMMERN UNS UMEINANDER

Viele betrachten die ersten Jahre nach dem Zweiten Weltkrieg als das „Goldene Zeitalter des Kapitalismus“ – nicht nur in den USA, und nicht nur in reichen Ländern. Selbst Entwicklungsländer mit geringerem Einkommen genossen ein nie dagewesenes Wachstum, das sie danach nie mehr erreichten.

Wir begannen auch mit der Bekämpfung von Problemen wie Ungleichheit, Rassismus und Diskriminierung von People of Color, Frauen, Behinderten und Menschen mit alternativen sexuellen Orientierungen. An vielen dieser Fronten kamen wir gut voran.

Doch wie im vorigen Kapitel besprochen, änderte sich dies allmählich in den 1980er

Jahren, als wir die Rolle der Regierung in der Wirtschaft begrenzten – durch eingeschränkte Regulierung sowie verstärkte Kontrolle über die Staatsfinanzen –, und wir kamen ins Wanken.

Warum taten wir das? Zu einem Großteil lag es an der großen Angst, dass der Regierung das Geld ausgehen und Uncle Sams Schulden eine Bürde für uns werden würden. Die Regierungspolitik war gelähmt von der Sorge, „woher das Geld kommen solle".

Was uns dieses Buch gezeigt hat, ist, dass wir grundlos pessimistisch sind. Wir müssen die Gans, die goldene Eier legt, nicht braten: Unsere Regierung besitzt die souveräne Macht, so viel

WIR BRATEN DIE GANS,
DIE GOLDENE EIER LEGT

auszugeben wie nötig, um uns wieder auf den Weg zu gesellschaftlichem und wirtschaftlichem Fortschritt zu bringen.

In diesem Kapitel werden wir auf keine spezifischen Maßnahmen eingehen – wie beispielsweises Präsident Bidens „Build Back Better". Stattdessen werden wir unser Augenmerk auf das Finanzierungsproblem richten: Wenn wir gute Maßnahmen entwickeln können, können wir dann auch das Geld zur Finanzierung auftreiben?

Unser Zögern, Geld zur Behebung nationaler Probleme auszugeben, fußt anscheinend auf dem Irrglauben, Finanzen seien ein knappes Gut. Und tatsächlich war Washingtons Politik der letzten vierzig Jahre aufgrund dieses Glaubens auf die Deregulierung des Finanzsektors ausgerichtet.

Doch das stimmt nicht: Jeder kann Geld erschaffen… und es kann weder unseren Banken noch unserer Regierung ausgehen.

Wir müssen unsere Wirtschaft neu ausrichten, damit sie uns gute Dienste leistet, anstatt die Finanzmärkte zu versorgen und zu hoffen, dass sie uns irgendwie aus der Patsche helfen. Unser Finanzsystem ist bereits zu groß. Wir müssen

uns mehr auf die Haushalte und Unternehmen und weniger auf die Wall Street konzentrieren.

Wie können wir die Wende schaffen?

Als erstes müssen wir von der Analogie zum privaten Haushalt wegkommen; der Haushaltsplan der Regierung funktioniert ***völlig anders*** als der eines privaten Haushalts. Uncle Sam gibt die Währung heraus; wir benutzen sie. Uncle Sams Ausgaben sind unser Einkommen. Sein Defizit sind unsere Ersparnisse.

Uncle Sam kann es sich immer leisten, uns bei unseren Bemühungen zu unterstützen.

Wenn wir das verstanden haben, müssen wir uns nur noch darauf einigen, mit welchen Maßnahmen wir unsere Ziele erreichen wollen.

Doch das wird nicht einfach werden, weil Amerikanerinnen und Amerikaner gemeinsam an einem Strang ziehen müssen – so wie es Präsident Roosevelt damals zustande brachte, als unsere Nation ebenfalls vor Problemen stand, die so ernsthaft wie die heutigen waren.

Jetzt gilt es, Elefanten und Esel zu vereinen, damit sie Amerika gemeinsam wieder auf den Weg des Wohlstands für alle bringen – Wachstum zum Wohl aller und zum Schutz der Umwelt.

Wir mögen bei vielen Aspekten der politischen Entscheidungsfindung geteilter Meinung sein: welche Probleme wir lösen müssen; welche Lösungen es für diese Probleme gibt; welche

ESEL UND ELEFANTEN KÖNNEN
IHRE DIFFERENZEN BEILEGEN

Rolle der Regierung bei der Umsetzung dieser Lösungen zukommen soll; und so weiter.

Aber in einer Sache können wir uns einig sein: Wenn wir das technische Know-how haben, und wenn wir die Ressourcen haben, dann können wir es uns stets leisten, diese Ressourcen und das Know-how auch einzusetzen. Das ist die Realität: Finanzierbarkeit setzt den Staatsfinanzen keine Grenzen.

Die Realität steht auf ***unserer*** Seite. Die Defizitfalken (und -tauben) irren sich. Uncle Sam kann sich notwendige Ausgaben leisten. Doch müssen wir unsere Ressourcen und unser Know-how seinen Ausgaben entsprechend einsetzen, um unser Ziel zu erreichen.

Wir haben uns in diesem Buch mehrmals auf Professor Minsky bezogen, und ein Zitat hat er noch zu bieten. Er sagte immer, „Im Kapitalismus findet man so viele Spielarten wie eingelegte Gemüsesorten bei Heinz“. Um genau zu sein: siebenundfünfzig.

Worauf wir in diesem Kapitel hinauswollen, ist, dass wir zu Anfang der Nachkriegszeit eine ziemlich gute Version des Kapitalismus hatten. Doch jetzt haben wir eine ziemlich schlechte. Unser jetziges Modell fördert den Gedanken, Gier sei etwas Gutes. Dass jeder sehen muss, wo er bleibt. Dass wir in einer Wirtschaft leben, in der der Gewinner alles bekommt.

Worauf Minsky hinauswollte, war, dass wir eine andere Spielart wählen können – wir müssen uns nicht mit der jetzigen zufriedengeben.

Suchen wir uns eine aus, die anerkennt, dass wir alle im selben Boot sitzen. Wir können unsere Probleme in Angriff nehmen, weil wir das Geld, die Ressourcen und die Technologie dafür haben.

Wir können die Natur in unseren Parks schützen; wir können jedem Kind einen Kita-Platz bieten; wir können unsere Autobahnen

ES GIBT 57 SPIELARTEN DES KAPITALISMUS. SUCHEN WIR UNS DOCH EINE BESSERE AUS.

sanieren und unsere Brücken sichern; wir können unsere Flüsse säubern und unsere Luft reinigen; wir können unsere Kohlendioxidemissionen auf null reduzieren; wir können U-Bahnen und Züge modernisieren und die Schienennetze ausbauen.

Und wir können Kunst, Musik und positive Symbole unseres nationalen Erbes besser zugänglich machen.

Wir können den Klimawandel bekämpfen und besser für den nächsten Virusausbruch gerüstet sein.

All das liegt in unserer Reichweite.

Mit den Worten des Sängers Bruce Springsteen, „Wo ist der Geist, der mich beherrschen wird, wo ist das Versprechen von der See zum strahlenden Meer."

Irgendwo entlang des Wegs ist uns dieser Geist abhandengekommen. Wir müssen das Versprechen neu aufleben lassen und uns wieder gemeinsam umeinander kümmern.

Wie Bruce Springsteen sagte, „Wir kümmern uns umeinander". „Umeinander", um uns alle. Um alle Menschen. Und Pflanzen und Tiere. Und unsere Erde.

Der große Ökonom John Maynard Keynes – den wir an früherer Stelle kennen gelernt haben – sagte einst, er hoffe, dass Ökonomen einst so bescheiden und doch so hilfreich wie Zahnärzte sein würden.

Das ist ein anspruchsvolles Ziel, doch vielleicht ist dieses Buch ein erster Schritt. Ökonominnen und Ökonomen haben uns manchmal in die Irre geleitet, weil sie es als ihre Aufgabe sehen, die Bevölkerung mit Scheinbehauptungen einzuschüchtern, damit sie sich „richtig verhält".

Wir halten das für die falsche Methode. Dieses Buch legt Ihnen, der Leserin, dem Leser,

SO HILFREICH WIE ZAHNÄRZTINNEN UND ZAHNÄRZTE

diese Wahrheit in die Hände. Wir vertrauen darauf, dass Sie alles tun werden, um die Wahrheit zu verbreiten und die politischen Entscheidungsträger zur Verantwortung zu ziehen.

Es ist wahr, dass die Regierung mit politischen Zwängen kämpft. Sie kämpft mit Ressourcenbeschränkungen. Sie kämpft mit technologischen Beschränkungen.

Doch sie kann nicht mit finanziellen Zwängen kämpfen – die gibt es nicht. Alles, was machbar ist, ist finanzierbar.

Verinnerlichen Sie diesen Gedanken und machen Sie etwas daraus.

Weitere Literatur zur Modern Monetary Theory (MMT) bei LOLA BOOKS

L. Randall Wray

Modernes Geld verstehen. Der Schlüssel zu Vollbeschäftigung und Preisstabilität

Stephanie Kelton

Der Defizit-Mythos. Die Modern Monetary Theory und die Gestaltung einer besseren Wirtschaft

Pavlina R. Tcherneva

Plädoyer für eine Jobgarantie

Warren Mosler

Die sieben unschuldigen, aber tödlichen Betrügereien der Wirtschaftspolitik

William Mitchell

Dystopie Eurozone. Gruppendenken und Leugnung im großen Stil